破解三分鐘熱度的行動法則

反習慣惰性

克服原發性顫抖、延遲滿足感、遠離偽自律⋯⋯
習慣心理學讓堅持成為自然而然的選擇

堅持不是天賦，而是選擇；
把簡單的事做到極致，就是成功的開始！

分析人性中的「惰性」和「懶散」根源
從日常小事中開始實踐，最終達成人生目標

麗莎 編著

目 錄

前言

第一章　為什麼越是簡單的事情越難以堅持

014　產生三分鐘熱度的「習慣引力」究竟是什麼
018　為什麼越是逼自己堅持反而越是堅持不下去
021　想做一件事卻遲遲不能開始，究竟是為什麼
025　輕易放棄與階段性遺忘之間的關係
028　意志力是天生的還是後天的
032　如果你將做的事看得非常重要，怎麼會堅持不下去
035　你堅持不下去，可能是思想上的懶惰
039　明明知道堅持的重要性，卻不願意走出舒適圈
043　原發性顫抖：越是想堅持，越是堅持不下去
047　無法堅持並非你意志力不夠，而是你高估了它
051　延遲滿足感，讓你堅持下去

第二章　重複的力量，枯燥中尋找堅持的理由

056　世界上有沒有不痛苦的堅持這件事
059　喜歡的事自然可以堅持，不喜歡的怎麼也長久不了

目錄

062		如果你抱著抗拒心理去做一件事,往往做不下去
066		總要找一個自己「想想就興奮」的動力
069		學會儲存,而不是消耗自己的內在動力
072		沒有枯燥的工作,只有無趣的靈魂
076		憑內在動機去做事,更容易取得意想不到的成就
080		比你優秀的人都在拚命堅持,你憑什麼逆襲
083		在做的過程中,不斷提醒當初做這件事的初衷
086		想像成功,讓自己有動力堅持下去

第三章　合理安排時間,讓堅持變得容易

092		首先,你需要有一個清晰的目標
095		制定合適的計畫,在規定的時間內精確執行
099		專門留時間做這件事
102		留出機動時間,不要把一天安排得滿滿的
106		當計畫趕不上變化,怎麼辦
110		把80%的精力集中到20%的重要事情上
114		管理時間的同時,學會管理自己的能量
118		有些事情不需要放到同一時間裡去做
122		提升你的時間顆粒度,增強你對時間的掌控力
125		保持緊迫感,引爆自身的高效能

第四章　如刷牙般輕鬆，讓堅持成為習慣

- 130　所謂優秀，就是堅持好習慣
- 134　培養習慣的過程我們會很痛苦，到底是為什麼
- 138　一件事堅持多久才會成為習慣
- 140　量力而行，鎖定一個習慣進行培養
- 144　公開承諾，藉助外力監督自己
- 147　利用短期獎勵，做到長期堅持
- 151　小小的儀式感，讓習慣養成走向主體自覺
- 155　如何建立持續行動的機制
- 159　意志力就像肌肉，持續訓練才能強大

第五章　誘惑太多，靜下心來才能排除干擾

- 164　想做的事情太多，最後卻什麼也無法堅持
- 167　釐清目標，知道自己想要的到底是什麼
- 171　學會拒絕，為你的堅持清除障礙
- 175　不要讓別人的聲音干擾你的選擇
- 178　你容易受別人負面情緒的影響嗎
- 183　把注意力集中在你正在進行的工作上
- 186　數位時代，不要被各種無用的資訊綁架
- 191　不比較不嫉妒，把自己擅長的事做好
- 195　想堅持做好一件事，就先別發文

199　想做好一件事，先放下利益導向
202　專注於一件事，結果都不會太讓人失望

第六章　精進的祕密，等速前行改變就在每一天

208　你不是不努力，而是用力過猛
211　打卡時代，堅持下來你就是大咖
215　人生不是競技，無須忙亂地去爭第一
218　有時候，快就是慢，慢就是快
221　把夢想分解成小目標
224　成功就是每天進步一點點
227　舒張有度，像心臟一樣工作
231　按照自己的節奏努力

第七章　將自律堅持到極致，再小的事也值得被認真對待

236　只有做好小事，才能成就大業
239　長期堅持跑步的人，最後都怎麼樣了
243　林清玄的目標：每天堅持寫 3,000 字
248　那些成功減肥的人，是怎麼堅持下來的
252　每天堅持讀書，是怎樣一種感受

257　學習是一輩子的事情，對新鮮事物保持熱情
261　請你遠離偽自律

第八章　恪守匠心，花一生的時間專注做一件事

266　一件平凡的事情堅持久了，就會變得不平凡
268　堅持一生只做一件事，做到極致
272　在自己擅長的專業領域堅守
276　真正聰明的人，都在下笨功夫
279　大師的絕技與一萬小時定律
282　你的認真，讓整個世界如臨大敵
284　絕活，都藏在細節中
287　不斷重複地累積，才能突破
291　真正的匠心，是耐得住寂寞

目錄

前言

盧梭（Jean-Jacques Rousseau）曾說：「當一個人一心一意做好事情的時候，他最終是必然會成功的。」做一件事情最難的就是堅持做下去，特別是那些微不足道的小事，更容易被我們忽視。

三分鐘熱度是很多人做事的通病，剛開始的時候，我們會興致勃勃制定計畫，熱血沸騰地開始，但很快就會失去熱情，重新回到過去安逸的環境中。即使我們會強行逼自己去做，也往往堅持不了多久。我們還會受到階段性遺忘、懶惰和意志力不強等因素的影響，導致我們堅持了一段時間以後，最終無法再堅持下去。

堅持做一件簡單的小事，需要長時間、不斷地重複去做，這個過程是很枯燥且消磨人的意志力的。但我們要知道，世界上沒有輕鬆能完成的事情，我們不要被枯燥消耗掉我們的內在動力，要學會適當儲存我們的內在動力，不讓這份力量枯竭。我們也不要抱著牴觸的心態，強行做一件事情。做自己喜歡的事情，讓自己的靈魂變得有趣，去抵擋枯燥和乏味，並堅持把一件事情做完。

其實，堅持做一件簡單的小事並沒有那麼難以堅持。我

前言

們只需要用一定的方法,就會比較容易堅持下來。

一、合理安排時間。時間對於我們來說非常重要,而很多人並不會合理利用時間,導致我們的時間被白白地浪費掉,把時間浪費在無關緊要的事情上。結果,一件簡單的小事卻沒有時間去做。這也是為什麼很多人堅持不下來的重要原因之一。因此,我們要合理利用時間,制定一個計畫,把我們要做的每一件事情安排在固定的時間內。當到了一定的時間,我們也就會自然而然地去做固定的事情。

但是,我們也不能把時間安排得太滿,要留出一定的機動時間,讓我們進行休息和調整,也可以總結得失。只是一味地去做,而不去思考也是不可行的。孔子曾經說:「學而不思則罔,思而不學則殆。」在做一件事情的時候,既要學會堅持去做,也要留一些時間讓自己去思考應該怎樣做得更好。

二、讓堅持成為習慣。俗話說:「一個好的習慣能夠影響一個人的一生。」這是因為一旦我們把做一件事情養成了習慣。我們將會毫不費力地堅持做下去。有很多人說:「養成一個習慣只需要二十一天。」但是很多人是做不到的。養成一個初步的習慣,堅持一個習慣需要長期地去堅持。在養成習慣的過程,當我們堅持了一段時間以後,就給自己一些獎勵。同時,我們還可以藉助外力,公開說出自己的計畫,讓別人監督自己。我們的意志力就像我們的肌肉一樣,只要

你去鍛鍊就會一天比一天強,慢慢地我們也就會養成一個習慣。

三、等速前進。在堅持做一件簡單的小事時,很多人會著急。他們想要快速看到堅持的成果。但是,很多時候堅持了很長時間不一定會有結果。此時,很多人就會喪失信心。我們不要灰心,相信堅持下去一定會有成果。要等速向前,不要著急。堅持執行,在網路上建立一個打卡群組,每天可以在這個群組裡面打卡,讓自己堅持下來。還可以把我們較大的目標分解成比較容易實現的小目標,這樣在堅持一段時間以後,就有很大的可能看到成果。當我們看到成果以後,就會感到滿滿的收穫,自信心也會提升,自然也就會一步一步堅持走下來了。

四、恪守匠心,用一生的時間專注做一件事情。匠心是執著和信仰的代名詞,把一件非常簡單的事情做到極致,甚至是做到完美,就需要傾注大量的心血和時間,這就是匠心。一個人擁有了匠心,那麼他就擁有了堅持下來的理由和毅力,在漫長的時間中,始終不移自己的目標,並最終堅持下來並出色地完成。

本書從為什麼越是簡單的事情越難堅持、從枯燥的重複中尋找力量、合理安排時間、養成習慣、誘惑、匠心等幾個方面進行了深入分析和探討,並給出了實戰建議,幫助你提升耐力、毅力,把一件事做精通、做透澈!

前言

第一章
為什麼越是簡單的事情越難以堅持

第一章　為什麼越是簡單的事情越難以堅持

產生三分鐘熱度的「習慣引力」究竟是什麼

「減肥、工作、旅遊、讀書，這些活動我都需要做，可是每次沒做幾天就放棄了。」這樣的抱怨在我們的日常生活中經常發生。總結失敗的原因時，我們總會找各種理由為自己推脫，避免被人說是「三分鐘熱度」。通常導致產生「三分鐘熱度」的原因都是「習慣引力」，那麼「習慣引力」是什麼呢？

「習慣引力」指的是人們原本處於一個環境中，在這個環境中生活得好好的，但我們如果換一個環境後，在新環境中就容易產生牴觸和不接受的心態，進而會懷念以前生活的那個環境，想要回到過去的生活。

王君如是一名設計師，平時沒那麼忙。因此，她自己休息的時間也就比較多。以前她的愛好是寫作，只是由於各種原因沒有去做。現在沒那麼忙了，於是，她就準備開始寫網路小說。

剛開始的時候她很認真刻苦，寫了一段時間後，發現每天堅持會讓自己變得很累。想想自己不寫作的時候，下班回來還能整理家裡，看看書，是很充實和愜意的。似乎那樣的生活才更加適合自己，現在下班後的時間基本上都用在創作上了。於是，她最終放棄了寫作。

產生三分鐘熱度的「習慣引力」究竟是什麼

魯迅曾在《記念劉和珍君》中寫道：「不在沉默中爆發，就在沉默中滅亡。」我們往往因為習慣了就不想改變，從而對改變產生抵抗甚至是反對。

劉小明開計程車已經很多年了，做得也不錯。隨著網路時代的到來，網路叫車更加方便快捷，人們的交通方式也發生了改變，很多人選擇了網路叫車。

這時，劉小明也意識到了改變。於是，他也在線上註冊了帳號，也跟著時代的趨勢走。但是自己年紀大了，不太懂得使用網路，操作也不是很熟練。在出了幾次錯誤以後，他覺得與其這樣還不如重新做一般的計程車呢。於是，他很快就放棄了。

很多時候當外部環境發生變化以後，我們很快就會意識到：不能再做以前的事情了，要改變自己去做別的事情。比如有一個胖子，因為肥胖的原因，漸漸出現一些諸如心臟病、糖尿病這類的疾病，致使他下定決心減肥。可是沒過幾天，他就發現減肥實在是太累，不如以前那樣的生活方式舒服，就選擇回到以前的生活型態，不再減肥。這其實就是因為抗拒改變，習慣了以前做的事情，導致改變僅持續了很短時間，就無法繼續堅持。

這樣我們心裡可能會覺得自己已經嘗試了，只是改變不了，不是自己沒去嘗試，結果自己安慰自己，而不去責怪自己。這樣不僅浪費時間，還形成了抗拒改變的習慣。而且以

第一章　為什麼越是簡單的事情越難以堅持

後無論是做什麼事情時，都不容易堅持下來，總是想輕易放棄。試想一下，對任何事情都不能堅持下來的人，會取得成功嗎？

當然也有很多人選擇改變自己，堅持了一段時間後還做出了一些成果。但是最終在取得了一定的成果以後，選擇了保持現狀而不思進取。這就是「習慣引力」中「維持現狀」影響的效果。

徐瑋帆在一家公司做財務，平時下班後和週末休息基本上都是待在家裡。所以大部分時間都是靠追劇度過的，長時間這樣她也覺得沒什麼意義，於是她決定自學 Photoshop（影像處理）技術，或許能夠在以後的工作中用到。

於是她買了一些關於 Photoshop 的書籍和影片教程開始學習。堅持了一段時間後，她學會了很多技術。在這之後，公司設計部門有一位同事休產假，一些簡單的 Photoshop 工作需要找人做，她得知以後，主動請纓，最終順利完成了任務。老闆對她的工作非常滿意，還發了獎勵給她。

於是她開始自滿了，認為自己已經學會了 Photoshop 技術，不用再學其他的了。後來，公司決定將她調到設計部門工作，她非常高興地同意了。結果到了設計部門，很快就發現自己學的只是皮毛，根本無法勝任設計職位。

當人們在改變自己後去做一件事時，一旦取得了一定的成果以後，就會在心裡產生維持現狀的想法，會認為：已經

產生三分鐘熱度的「習慣引力」究竟是什麼

取得了一定的成果了,只要維持現狀就可以了,沒必要再繼續努力了。往往就會放鬆下來,不再繼續堅持下去了,而正是由於沒有堅持下去,反而會對自己的未來造成麻煩。

在生活中,如果你打算做什麼事情,就一定要克服「習慣引力」,不要只是「三分鐘熱度」。要一直堅持下去,才能將事情真正做好。

第一章　為什麼越是簡單的事情越難以堅持

為什麼越是逼自己堅持 反而越是堅持不下去

人生處處是殘酷的競爭，為了不被人比下去，很多人都會強迫自己學習很多知識和技能。剛開始的時候還能認真對待，但過不了多久，就受不了自己逼自己，而果斷選擇放棄。

王小川在一家數位金融公司上班，上大學時他就喜歡看文學書，並且喜歡寫作。但是迫於生活壓力，他只能先工作，把自己的愛好放在一邊。

最近，網路文學的興起和發展，讓他重新燃起了對文學的興趣。渴望透過自己的寫作能力，實現自己的人生理想。於是，他下定決心每天下班以後堅持寫 5,000 字發表在網路上。

開始時他非常積極地寫，看著自己的粉絲不斷地上漲，心裡非常高興。可是時間稍微一長，自己累積的知識用得差不多了，也就不知道該寫些什麼了。但是，他依舊要求自己每天一定要完成 5,000 字這個目標。接著他越寫越難受，也越來越吃力。最終只能選擇放棄。

「不逼自己一把，永遠不知道自己有多優秀。」這句話強調了人的潛力是無限的，只要不安逸，逼迫自己就能夠成功。雖然這句話有一定的道理，但是也並不完全正確。因為

為什麼越是逼自己堅持反而越是堅持不下去

通常只有意志力非常強的人才能不受自己心理因素和外部環境的干擾,無論遇到什麼樣的事情,都不會改變自己,逼迫自己去完成想要做的事情。但大多數人,在逼迫自己做一些事情的時候,會受到能力的影響,這不僅沒有滿意的結果而且還要強迫自己去做,其實並沒有任何效果,最終被迫放棄。

對於一些意志力不是很強的人,如果想要透過逼迫自己去堅持下去,最終一定會渴望取得成果。但是在受到影響後,就容易堅持不下去。在這裡,堅持不下去的原因通常有兩點。第一點是:逼迫自己做不喜歡的事,心裡抵抗,不願意去做。第二點是:不思考方法,只一味的講究數量,如果長期看不到成果,就會心態失衡。

公司開會,在會議上主管表揚了王晉陽,並且告訴大家:要向他學習,因為王晉陽工作非常認真,並且非常有能力,總是能做得很好而且效率非常高,他有自己獨特的工作方法。但是實際上,王晉陽的性格與團隊中的大部分人都不和,因此,好多團隊成員其實都跟他合不來。

李永利工作一般,基本上只能夠完成自己的工作。但是,他的目標是超過王晉陽,成為第一。於是,他決定先向王晉陽學習。可是,和王晉陽的第一次接觸處就讓他對這個人非常反感,為了實現自己成為團隊第一的目標,還是逼迫自己向王晉陽學習。但是每次跟他相處的時候,心裡都不舒服。結果跟著王晉陽學了半年,工作效率還是沒有提升。

019

第一章　為什麼越是簡單的事情越難以堅持

可見，如果逼迫自己做不喜歡的事情，首先，在心理上就會形成厭倦感，不想去做，甚至是牴觸。其次，在行動中當然就會表現出不配合。相反，如果自己做本來就喜歡的事情，那麼在心中就不會反感，因為至少是做自己喜歡的事情，心情會愉悅一些。行動上也會比較配合，並且大多數人都能夠堅持下來。

如果像上文中的李永利那樣不講究方法，一味地追求數量，當做一件事情時遇到了困難，不去想解決方法，而是想透過逼迫自己堅持來完成，大多數情況只能是再次受挫後選擇放棄。

總之，很多事情不是逼迫自己去做就一定能獲得成功的。在我們決定做一件事情的時候，要避免盲目地逼迫自己去做，否則只能適得其反。這樣不但不能成功，還會嚴重影響自己的計畫。

想做一件事卻遲遲不能開始，究竟是為什麼

網路上流傳一個笑話說：「我 2016 年的目標就是搞定 2015 年那些原定於 2014 年完成的安排，不為別的，只為兌現我 2013 年時要完成的 2012 年年度計畫的諾言。」

聽起來很好笑，但可悲的是這是很多人的常態。我們經常會有各式各樣的計畫和想法，比如：想要考取一個國家認證的專業證書；制定一個讀書計畫；提升自己的工作能力等等。可是往往只是停留在計劃階段，並沒有真正實施。

許多事情，並不是我們做不到，而是我們遲遲沒有採取行動。再好的計畫，如果只是計劃而不去行動，也只能是徒勞。

《從行動開始》這本書的作者是石田淳，他被譽為日本研究行為科學管理第一人，將科學分析人類行為的「行為分析學」和「行為心理學」兩種方法改進為「行為科學管理」，這個方法被美國太空總署和波音公司等 600 多家公司採用。

這個管理方法概括來說，就是排除一切抽象的概念和無法預測的因素，而以「行動」作為一切判斷的標準。在「行為科學管理」這個理論中認為：一切的結果都是源於行動的不

第一章　爲什麼越是簡單的事情越難以堅持

斷累積，好的結果是好的行動不斷重複得來的，而不斷重複壞的行動只會帶來壞的結果。

我們可能會把做某件事情失敗的原因歸結為「意志薄弱」，這種想法是阻礙你改變人生的最大敵人。因為決定一件事情的成敗是行動，並非僅僅是想法。

孫佳璐和同事一起報名了一家位於郊區的駕訓班，離她們住的地方比較遠。她們一週只能休息一天，所以這一天對她們來說非常重要。練車在早上九點就開始了，練車的人通常有十幾個，需要輪流來練習。所以整個上午每個人也練習不了太長的時間。

有一次週末，她們兩人相約坐早上八點的公車趕往駕訓班練車。孫佳璐先到公車站牌，在那裡等待公車的到來，當她上車以後，發現同事還沒來。她就向車窗外四處張望，在距離車後幾公尺的地方看到了同事。可是，車已經發動了。孫佳璐發現，她的同事竟然騎上一臺共享腳踏車，開始追公車。孫佳璐這時看到她的同事不時地在馬路上東鑽西鑽想要趕到公車的前面。

過了一會，她的同事還真的成功了，最後追上了公車，在下一站上了車。

對於很多人來說，在錯過公車的時候，往往會想怎麼才能趕上公車，然後順利上車。但是，孫佳璐的同事如果在腦中這樣想：我是不可能追上公車的，還是等下一趟吧。在思

想做一件事卻遲遲不能開始，究竟是為什麼

考的過程中，車可能就已經走遠了。這樣計畫只是停留在了計劃的層面上，並沒有去行動起來，也注定不可能成功。本來可能完成的事情，如果不去做自然也就一定完不成了。

而那些看似不能完成的事情，實際上只是我們潛意識中所認定的。就比如我們都想成為一名億萬富翁，但是潛意識裡我們會覺得自己沒有那麼大的能力，因此，也只是在腦子裡想想，而不開始行動。許多成功的企業家在創業初期，也沒想過自己會有今天的成就。

「開始行動，你才有可能做好一件事情。不行動，你一定不能把一件事情做好。」因此，我們不要在剛開始的時候就打擊自己，認為自己無法完成。而是應該鼓勵自己，勇敢地邁出第一步，並堅持下去。

美國 Nike 公司的創始人菲爾・奈特（Philip Knight）是一名運動員，同時他非常愛鞋，每天滿腦子都是鞋子。很多人都認為他是一個神經病，而他卻不這樣認為。當他了解到日本的鞋子做得很好後，就隻身前往日本，走進了日本鬼塚虎運動鞋公司的大門，然後告訴他們想要把他們做的鞋子賣到美國。後來他經過辛苦談判，最終以 50 美元的價格批發了 12 雙鞋子。

回到美國以後，他和自己的老師比爾・鮑爾曼（Bill Bowerman）合夥開了公司。後來在一次偶然的機會下，比爾・鮑爾曼看到自己的妻子在為自己做格子鬆餅，於是受到了啟

第一章　爲什麼越是簡單的事情越難以堅持

發，他就把格子鬆餅的形狀圖案用在運動鞋的鞋底上。後來他做出來的鞋子，既美觀又防滑，得到了消費者的認可。

可見，如果決定要做一件事情，不要停留在計劃階段，一定要開始行動。無論是簡單的事情還是複雜的事情，走出第一步，一點一點地去做，我們就會不斷地進步。

輕易放棄與階段性遺忘之間的關係

我們想做很多事情,並發誓一定要堅持下去直到完成,但很多時候我們卻違背了誓言。因為做這件事情的時候,會有很多其他的事情需要去做,干擾了我們,最終形成階段性遺忘。階段性遺忘與輕易放棄是共生的關係,階段性遺忘發生了,輕易放棄也就跟著形成了。

孫明岳大學畢業以後,就考取了公務員,被安排在一個公家單位工作。每天下班的時間比較早,回到家裡也沒什麼事情,於是,他想到了畫畫,在大學的時候,他就喜歡畫畫,也自學了不少關於畫畫的知識。現在他決定重新撿起自己的愛好,以此來充實自己的生活。

第一天,他堅持畫了兩個小時。第二天,一個老朋友邀請他去吃飯,回來的時候很晚了,他也就沒有畫畫。第三天,晚上老婆非要他陪著去逛街。第四天,同事們舉行了一個討論會……就這樣一個星期下來,他幾乎都沒有畫畫。

新的一週開始了,回到家裡,他就開始玩起了手機,沒有再畫畫了。

在當今的社會中,每個人都會有很多的事情需要去做。就算是閒著的時候,也會自己安排一些學習任務,為的就是能在工作和生活中更加主動。但是做得越多,放棄的可能也

第一章　為什麼越是簡單的事情越難以堅持

就越多。甚至是一邊做著新的一邊放棄舊的，最終一事無成。這其實就是階段性遺忘，在堅持一段時間以後，會因為需要做別的事情而放棄當初的堅持。這也是輕易放棄，但似乎又是無意為之，但事實是已經放棄了，這也是上文為什麼說輕易放棄與階段性遺忘是共生的關係。

在生活中，如果任由階段性遺忘存在，終有一天，你會感覺自己是個一事無成的人。你可能會感覺自己其實什麼都沒做，這就是因為：當我們遇到了困難，想到了解決的辦法，並且決定去做，在做的過程中，又受到了影響，然後選擇階段性遺忘，之後就不想再去做了。就這樣輕易地放棄了一件又一件事，最後什麼事也沒有堅持下來，也沒有任何收穫，最後感到自己是失敗的。

《鋼鐵是怎樣煉成的》（*How the Steel Was Tempered*）中的主角保爾‧柯察金（Pavel Korchagin）曾說過：「一個人的一生應該是這樣度過的：當他回首往事的時候，他不會因為虛度年華而悔恨，也不會因為碌碌無為而羞恥；這樣，在臨死的時候，他就能說：『我的整個生命和全部精力，都已經獻給世界上最壯麗的事業──為人類的解放而鬥爭。』」可見，一個人如果不想讓自己的一生碌碌無為，需要找到一件自己認為值得的事情，堅持做下去，不要放棄，這樣才能獲得成功。

輕易放棄與階段性遺忘之間的關係

那麼我們在做一件事情的時候,為什麼會因為階段性遺忘,而輕易放棄了呢?主要原因就是沒有給自己壓力以及足夠的重視度。

人們在不同的階段,會有不同的事情要做,但是人的精力和能力是有限的,只能選擇其中的一些去做。這時,就出現了一些問題:如果選擇其中的一些事情去做,其他的事情該怎麼辦?大多數會選擇忘記其他的事情。這就形成了階段性遺忘,而階段性遺忘以後,就相當於輕易放棄了。

為了避免階段性遺忘,一定要重視即將要進行的事情,不要輕易忘記。即使還有更重要的事情需要去做,也要重視之前做的這件事情。然後再對自己施加壓力去盡量全部都完成,俗話說:「時間就像是海綿裡的水,只要你願意去擠,總是會有的。」不要因為自己的偷懶或者一時的疏忽將一件事情階段性遺忘,最終在不經意間就輕易放棄了。

總之,一定要避免階段性遺忘,不要在不知不覺間就將自己決定做的事情輕易放棄。如果一件事情如此,那麼之後就可能件件事情都如此,最終在回憶過往的時候才發現自己一事無成。

第一章　為什麼越是簡單的事情越難以堅持

意志力是天生的還是後天的

不得不承認，人與人之間是有著先天差別的。有的人好像是天生的「狠角色」，不是對別人狠，就是對自己狠。但是這樣的人並不多，甚至是寥寥無幾。大多數人都受困於「做什麼事都堅持不了多久」和「遇到一點困難就放棄」等天生缺乏毅力的問題。

每個人的意志力或許天生有差別，但先天的已經無法改變。正如愛迪生（Thomas Edison）所言：「天才就是1%的天分加上99%的汗水。」1%的天分，我們無法改變，而99%的汗水則來自我們自身的努力和堅持，這其中的堅持，靠的就是意志力。古今中外，但凡能夠取得成功的人都是有著超強意志力的。

曾國藩是清朝末期著名的大臣，他身上的小缺點也有很多。「愛交朋友」就是其中之一，曾經有記載，他在北京的兩年時間裡，大部分的時間都用在了和朋友一起聊天、下棋、喝茶中。雖然說社交是人們必須要做的，但曾國藩卻是遠遠超出了範圍。但是曾國藩是一個非常聰明的人，很快就意識到了這一點。於是，他下定決心改變，為自己制定了一個自修的課程表，但卻很難改變以前的習慣，還是習慣和朋友在一起喝茶、聽戲。即使是有時間讀書了，也靜不下心來。

意志力是天生的還是後天的

後來，曾國藩總結了一下自己愛交友的原因：其一是想要讓別人留下好印象。其二是自己沒有自控能力，總是忍受不了寂寞。其實大多數交友對自己來說都是沒有必要的，因此下定決心：要盡可能避免過多交友。雖然自己已經習慣了經常出去交友，一時半刻是沒有辦法改過來的，所以，他決定慢慢減少，最終還是改掉了「過度交友」的習慣。

在一本談論「意志力」的書中，作者認為：決定一個人能否成功的後天因素中，排在第一位的就是意志力。

如果有人能每天堅持做一件事，我們就會說他的意志力很強大。通常會在很多優秀的人身上發現這個特質。而有些人做事總是「三分鐘熱度」，做了很多事卻一件都堅持不下來，最後往往一事無成。所以意志力對於一個人能否做成事有著極大的影響。

意志力，也可以表現在自控力、自制力和自我管理能力上。

很多人想要提升意志力，但是對其有著錯誤的認知。想減肥就選擇每天節食，堅持不了幾天就放棄了，最後導致的是暴飲暴食，不但沒有減肥成功，反而讓自己體重增加，身體健康指數下降。

若如此反覆循環，失敗後再重新開始，然後又失敗，只會讓自己自信心受挫，認為自己再沒有能力做成任何事。這其實是你對意志力沒有正確的認知，更沒有正確地利用你的

第一章 為什麼越是簡單的事情越難以堅持

意志力造成的。

那麼，影響意志力的因素有哪些呢？

1. 人的自信心。自信心強的人意志力往往都很強，人真正的自信心源於對事物及發展軌跡的正確認知和判斷（即掌握的知識和使用知識的能力），誰也不能在自己認為錯誤的事物面前長久地保持意志力。比如：在辦公室內，如果大家每天有所自覺，盡量避免製造垃圾。因此，公司也不必刻意安排值日表。但若是有人從來沒有倒過一次垃圾，大家忍了很長時間之後就會開始指責他。試想他還會繼續堅持不倒垃圾嗎？

如果一旦意識到自己做的事情是不正確的，再做下去反而會讓事情越來越壞，最後可能都無法收拾。這樣原來自以為正確而產生的自信心就會受到打擊，而這種打擊是致命的。也會讓人失去自信心，這樣也就更沒有意志力去堅持做下去了。

2. 人的恐懼心理。這也包括恐懼心理衍生的擔心、害怕、猶豫、顧慮等心理，這些心理會直接影響人的意志力。在楚漢戰爭的最後階段：垓下之戰中，雖然處於劣勢中的項羽戰鬥力已經大打折扣，但是還能一戰，而且他手下的士兵更是願意為自己的主帥一戰。

但令項羽沒想到的是，在當四面楚歌響起之後，瞬間瓦

解了整個軍隊的鬥志。士兵們紛紛產生恐懼的心理，連項羽自己這時也開始恐懼，認為漢軍已經包圍了他。在恐懼心理的作用下，楚軍失去了抵抗的意志力，最終決定放棄抵抗。

恐懼還會摧毀一個人的意志，極度恐懼之下，我們可能就會喪失判斷力，認為什麼都是不利於自己的。在這種思想的影響下，意志力就會被摧毀，讓我們失去堅持下去的理由。

3. 人的抗壓力。每個人所承受的壓力都是有一定限度的，超出了這個限度就會難以承受，可能會導致個人情緒的崩潰，失去堅強的意志力。只有增加自己的抗壓能力，才能使自己的意志力更加堅定。

總之，意志力天生就有，而重要的是後天的堅持和不斷增強。我們只有增強自己的意志力，才能把一件事情堅持下來，最終取得成功！

第一章　爲什麼越是簡單的事情越難以堅持

如果你將做的事看得非常重要，怎麼會堅持不下去

有時我們之所以無法堅持，可能是因為這件事根本沒那麼重要，或者是我們沒有意識到事情的重要性。

朱元璋在還沒有參加農民起義之前在一個寺院當和尚。當時由於戰亂的原因，即使在寺院也無法吃飽。在這種情形下，朱元璋收到了一位好朋友的來信，信中希望他能一起參加農民起義。這時的朱元璋還沒有下定決心，猶豫不決。當他聽聞自己收到這封邀請信的這件事被元朝官員知道後，終於下定決心參加農民起義。

朱元璋明白，既然走上了這條路，就再也沒有回頭路可言了。如果不參加起義，就一定會被殺頭。最後，在他的帶領下，將元朝推翻，建立了明朝，成了開國之君。

我們在做每件事情的時候就要下定決心：要麼不做，要做就做到最好。朱元璋正是對起義這件事下定了決心，才能真正做好並且最後獲得了成功。

很多人在做事情的時候總是抱著「先試試看再說」的態度，並不對自己把話說死，總是在不經意間將自己的要求降低為：做到了固然是好，即使做不到也沒什麼。

如果你將做的事看得非常重要，怎麼會堅持不下去

趙春雷是一名建築設計公司的員工，平時主要負責專案協商。隨著公司知名度和實力的提升，國外的專案也變得多了起來。他感覺到了外語的重要性，因此，他決定抱著試試看的態度學習英文。很快他就採取行動了：先是去書店買書，然後看英文的教學影片，忙得不亦樂乎。

但不久同事們就發現他只是一時興起，想起來就看一看英文，然後幾天都不看一次。之後公司需要談一個國外的專案，這時候趙春雷主動請纓說自己的英文程度很好可以勝任，於是公司決定派他前去談判。當外國人一開口他就傻住了，因為他根本就聽不懂對方在講什麼。最後只能高薪臨時聘請一個翻譯，儘管專案談成了，但是他也讓公司丟盡了顏面，最後他十分後悔自己之前沒有堅持學習英文。

上文中的趙春雷就是沒有重視自己所做的事情，從一開始只是想著做好了這件事情以後，對自己會有什麼好處。在學習的過程中，想到就學一點，想不起來就不學，抱著試試看能不能學會的態度。最終，不僅浪費了時間，也影響了自己的心情，同時又打擊了自己的積極性從而堅持不下去，最後的結果當然是不盡如人意。

因此，如果做一件事情不去重視，不肯下功夫，只是應付了事，甚至是敷衍地去做，最後只能是失敗。如果想要避免這種事情發生，最好的辦法就是把要做的每件事都視為是生命一樣去重視。

那麼，究竟是什麼影響了我們，讓我們經常不將日常中

第一章　為什麼越是簡單的事情越難以堅持

的許多事情當作非常重要的事對待呢？下面讓我們來分析一下造成這個問題的主要原因：

1. 不願承擔責任。責任對於責任感強的人來說，根本不算什麼，因為他們會把責任當作是理所應當的事情。「能力越大，責任越大。」正說明了責任在他們肩上能夠帶來積極的意義。相反，責任對於沒有責任感的人來說，就是一種負擔。因為他們往往是不願意承擔責任的，他們總是認為：誰都不想讓自己被責任壓垮，更何況是與自己無關的責任呢？

2. 害怕失敗。每個人都希望自己做什麼事情都能成功，從來都不會失敗。因為成功能給自己帶來榮耀，失敗則往往會使自己很難堪，甚至付出巨大的代價。「害怕失敗」就成為人們不願意做的、具有一定難度的事情。即使是很簡單的事情，也可能會因為害怕出意外導致失敗而不敢接觸和嘗試。在「害怕失敗」的心理影響下，別說把一件事情認真對待，很有可能連決定開始做一件事情的勇氣都沒有，這種情況下就更別提堅持下去直到完成了。

綜上所述，想要成功就需要把每件事情都堅持做下去，直到把目標都完成。想要把事情做成功就要把每件事盡量地看得非常重要，認真地去對待。只有這樣才能把這件事情堅持做下去，這樣當我們能夠把每件事情都做好之後，我們自然也就變得更加優秀了。

你堅持不下去，
可能是思想上的懶惰

如果我們在做一件簡單的事情時，堅持一段時間後卻發現堅持不下去了，其中很大一部分人並不是因為自己不努力、不想去做而放棄。恰恰相反，我們往往都非常用心、非常努力地去做事情，那為什麼最後還是選擇放棄呢？其中有一個原因就是思想上的懶惰。

王歡歡在大學時期就非常喜歡種花，但是在學校時因為宿舍沒有空間，於是就暫時把這個愛好擱置。畢業以後，她重拾自己的這個愛好，開始種花。

她買了很多花，每天都精心地澆水和修剪，隔一段時間後，還會施肥。但是，漸漸地她養的花都開始枯萎，她一開始覺得這是正常現象，可是到最後所有的花竟然都枯死了。她很難接受現實：為什麼自己每天都精心照料，可是結果會是這樣？於是她對自己種花的能力開始懷疑，最終放棄了種花的這個愛好。

生活中，我們經常會遇到這種事情：明明自己已經付出了很多，儘管遇到了困難，但還是能夠繼續堅持做下去，甚至是更加努力地去做，可是依然不能把事情做好。這時我們可能就會認為自己是不是不適合做這件事，或者是自己不可

第一章　為什麼越是簡單的事情越難以堅持

能把這件事做好，做成功。到最後，我們很多人都選擇了放棄。

其實很多人並沒有意識到：並不是因為自己做這件事情不擅長、不適合，而是自己只是一味地機械式地做著，並沒有認真思考過到底應該怎樣做更好？這就是思想上的懶惰。這就像機器工作一樣，只是一直在運作，機器自己也不知道它為什麼運作，怎樣才能運作得更好。

思想上的懶惰比行動上的懶惰更可怕，行動上的懶惰只會讓你喪失做事情的勇氣和堅持下去的理由，即使是最後放棄了，也不會過於埋怨自己。而思想上的懶惰，則會讓你對自己心生厭惡，甚至是無法原諒自己。因為你覺得自己花了很長時間和精力去做事，最後卻沒有得到好的回報，這對一個人的打擊是非常大的，很多人可能會難以承受。因此，如果想要堅持做一件事情並且做好，就需要首先思考：我們應該怎麼做？用什麼方法才能把它做得更好？

俗話說：「工欲善其事，必先利其器。」如果我們不去思考，只是憑藉著自己的熱情去做，這樣是很難堅持下來的。倘若做事的方法不對、方向不對，即使我們付出再多的努力，依然不會取得任何效果，最終也只能選擇放棄。

如果我們想要把一件事堅持做下去，並且做出一定的成績，那麼就千萬不要在思想上懶惰。不僅要在做事之前思考

應該怎麼做，而且在做事的過程中也要想應該用什麼方法去做得更好。只有這樣不斷地進行思考，才能夠讓我們堅持到最後。

有一次，王偉祺的兒子寫完了作業，而且作業需要讓家長簽字。於是，他的兒子就拿來了作業簿，王偉祺在上面簽上了自己名字。第二天放學回家時，兒子告訴王偉祺，同學們說：「你爸爸的字寫得真難看。」這句話深深刺激了王偉祺，於是王偉祺決定開始練字。

於是他買來了名人字帖開始臨摹，可是臨摹了很長時間之後，他發現自己的書法程度還是沒有提升。他就想：是不是哪裡出錯了？我是不是應該換一種方法？於是接下來他決定暫停之前的臨摹，而是看著字帖自己寫。此外他並不著急直接寫，而是從糾正握筆的姿勢開始學習。終於，經過一段時間的練習後，他練出了一手漂亮的楷體書法。

如果我們拒絕思想上的懶惰，而是讓思想主導自己的行動，這樣才能少走很多彎路，最終把事情堅持做下來。一旦我們的思想產生懶惰，不去思考做事的方法是否正確的，就會在錯誤中迷失自己的方向，而接下來所走的每一步，都將變得異常艱辛。在這種難以前行的壓迫下，你可能就會失去堅持下去的勇氣和信心。

所以我們應該讓思想主導自己的行動，在做事的每一步中，先思考這樣做是否正確，及時找出到底是哪些問題會導

第一章　為什麼越是簡單的事情越難以堅持

致出錯。這樣懂得自我反思之後我們也不會因為遇到一點小困難就放棄堅持，反而會讓我們更加積極地去思考，去想解決目前所遇到問題的解決辦法。只有這樣我們才不會輕言放棄，在未來做什麼事情都能夠持之以恆，在人生的漫漫長路中堅持到底。

明明知道堅持的重要性，卻不願意走出舒適圈

　　我們往往在做一件事情時，即使這件事很簡單，也清楚如果不堅持下來，這件事就辦不成。其實很多人都明白這個道理，但是依舊不願意多付出一點辛苦，不願意走出原來的舒適圈，持之以恆地做一件事情。

　　前些日子王美華由於有些肥胖，並且她在長期飲食油膩之後導致心臟病復發住院，在醫院待了十幾天病情好轉之後，她就申請出院。出院前醫生叮囑她：以後妳要控制飲食，盡量吃得清淡一些，最好盡快把體重降下來。

　　回到家以後，王美華決定從出院這天開始不吃肉了，主要吃蔬菜。第一天、第二天、第三天她都堅持了下來。等一星期以後，她實在想吃肉。經過一番激烈的內心掙扎，她在心裡告訴自己只吃這一次，明天就不吃了。可是到了明天，她又忍不住了，又吃了肉。就這樣她的飲食計畫失敗了，又重新回到了以前的飲食型態。

　　舒適圈其實指的是我們處於某種心理和行為習慣當中感覺到舒適的一種自我滿足的心理狀態。大多數人都希望待在舒適圈中，因為待在舒適圈中，我們往往都會感覺很自然、無拘無束。而一旦有人打破這個舒適圈，我們就會感覺非常

不適應，而且與此同時感受莫名的壓力。在這種無形的壓力下漸漸地就讓許多人想盡一切辦法逃回以前的舒適圈。

這種壓力的產生是由於環境的突然改變或是人們對於新環境的陌生所產生的一種恐懼感。比如：一個人本來很懶散，他在受到外界的壓力之後決定開始變得勤勞。而變得勤勞需要自己付出艱辛的努力，於是他在經過了一段時間的努力後，自己的身體和心理都疲憊了。此時，他的內心就會對勤勞產生恐懼感，認為勤勞是難以長久堅持的。

人們對於壓力往往是有所抵抗的，因為壓力意味著總有一些事情需要去做，並且要一直堅持下去才能將這些事情做完。對於抗壓比較弱的人來說，壓力是一種無形的心理折磨。這些人往往希望自己過得快樂，不希望去面對壓力。

因此，大多數人正是因為在堅持做一件困難的事情時走出了自己的舒適圈，感受到了壓力，而自己本身又是不願意承擔壓力的，最終選擇了放棄，重新回到了舒適圈。當然這只是人們明明知道堅持的重要性，而最後還是不願走出舒適圈的一個原因。

李航宇和孫嘉偉在一次馬拉松長跑比賽中相識，當時比賽的結果是李航宇第 55 名，孫嘉偉第 67 名。當時，孫嘉偉就下定決心要超越李航宇，於是他決定每天除了自己的正常訓練外，再加跑 5 公里。就這樣他堅持了兩個月。

終於，下一次的長跑比賽開始了，孫嘉偉決定要在這場

明明知道堅持的重要性，卻不願意走出舒適圈

比賽中超越李航宇。可是事與願違，孫嘉偉的名次還是比李航宇差 20 名，比上一次比賽相差還多。賽後，孫嘉偉就徹底放棄了自己加跑 5 公里的計畫，恢復從前的訓練方式，以後比賽都很隨意，比賽中跑得也不緊不慢。

堅持做一件事情，除了想讓自己變得更好之外，其實還有很大一部分的原因是「競爭」。正是由於「競爭」的存在，人們才會心甘情願，甚至是被迫走出自己的舒適圈，去努力改變自己。

實際上大多數人其實都有這樣的覺悟，但是卻沒有對抗失敗的勇氣和堅持下去的信心。很多人在失敗後，就認定自己沒有超越別人的能力，自我放棄，選擇不再與別人競爭。就如孫嘉偉一樣，每天堅持多跑 5 公里只是為了超越李航宇，但是在堅持了一段時間後，卻因為沒有取得想要的結果，最終選擇了放棄。

現在看來孫嘉偉就是因為沒有對抗失敗的勇氣和堅持下去的信心，是一種過於急功近利的表現。其實想要在短時間內做到意想不到的成就，這是難以實現的，但也的確是很多人為自己找的藉口，好讓自己重新回到舒適圈。

由此可見，舒適圈對人們的誘惑實在太大了，因為在那裡沒有風險、沒有挑戰，只需要做好自己的事情，就沒有什麼事情可以讓自己擔心的了。大多數人在嘗試堅持做一件事情以後往往抵抗不了舒適圈的誘惑，然後在堅持一段時間後

又重新回到了舒適圈。

　　總是待在舒適圈裡，重複做著自己輕車熟路的事情，只會原地踏步，無法有太大的進步，甚至可能因此喪失自己的核心競爭力。只有跳出舒適圈，不斷嘗試新的領域，不斷挖掘自己新的潛能，才能夠憑藉自己的能力獲得更高的職位，更優越的工作環境，更自由地掌握自己的時間，實現真正的舒適。

原發性顫抖：
越是想堅持，越是堅持不下去

有位心理學家曾做過這樣一個實驗：讓接受實驗的人拿一根線穿入針孔中來對大家進行一個測試。實驗中發現這樣一個現象：那些越是全神貫注努力想把線穿進去的人，往往不容易將線穿入。這個現象後來被心理學家稱之為「原發性顫抖」。

如果當我們做一件事情時目的性越強，反而越不容易成功。生活中我們會發現，我們特別想把字寫好，然而越是這麼想，手就會抖得越厲害，別說把字寫好了，往往根本就沒有辦法握筆；還有我們在打籃球的時候，如果特別想把籃球直接投入籃中，但往往每次都投不進去。

美國有一名非常著名的走鋼絲演員名字叫卡爾・瓦倫達（Karl Wallenda），他的技藝非常高超，走在鋼絲上就像走在平地上一樣。有一次表演當中卻因為太過於緊張，他的雙腳開始顫抖，最終從鋼絲上面掉了下來，當場就死亡了。

由此可見，出現「原發性顫抖」的原因就是：如果我們的目的性越強，我們的內心就會越緊張，就會越害怕失敗，越害怕失敗，我們的大腦中就會出現失敗時的場景。

第一章 為什麼越是簡單的事情越難以堅持

美國史丹佛大學的一項研究顯示：人的大腦中，有一些影像會像實際情況一樣，刺激我們的神經系統。比如我們在射箭前，我們的內心總是告訴自己：千萬不要射偏了。而此時，我們的大腦中則會出現一幅射偏了的情景。這一情景就會刺激我們的神經系統，讓我們的神經系統誤以為我們是想讓箭射偏，導致最後的結果往往就是我們將箭射偏了。

在這一過程中，無論是我們的手產生了顫抖，還是我們的腳產生了顫抖，我們的心也同樣在顫抖。這是由於我們的內心容量太小了，只能看到我們目前所要取得的結果，所以會讓我們的行事混亂。如果我們的心理剛開始自信滿滿，但是隨著內心的顫抖，恐懼可能就會侵蝕掉勇氣，失敗也就會逐漸取代成功。因此我們在追逐成功的道路上，有很多人就是因為「原發性顫抖」，最終只能以失敗告終。

李華偉辭掉了之前的工作，打算換一個比較有挑戰性的工作。他左思右想，決定從事業務工作。

他找到了一家做保健食品的公司開始接受培訓。培訓完以後，他開始獨自開發客戶。剛開始的時候，他見客戶總是緊張不已，害怕客戶不願意接受自己介紹的產品，吞吞吐吐總是很長時間才講完產品的資訊。期間好多客戶都推脫說：「我還有事」，然後就離開了。過了一段時間後，他開始懷疑自己當初做的決定是否正確，自己是否適合做業務。

李華偉便向老員工求助，老員工就告訴他說：「你不要總

是以賣東西為目的，你要先了解客戶，從他們的弱點下手，逐步把話題引到你自己的產品上，這樣才可能成功。」

聽了那位老員工的話，李華偉豁然開朗。當他再次見客戶的時候，總是不慌不忙地先與客戶聊聊家常，然後再討論一下健康，以及客戶對健康的看法。最後，好多客戶都是主動向他詢問應該買什麼，李華偉再藉此機會趕緊推出自己的產品。很快，李華偉準備的產品就都被他推銷出去了。

可見，如果目的性太強，反而會讓對方過於緊張，使我們發揮不出真正的實力，可能會導致我們失敗。所以，如果我們做一件事情的過程中遭遇了多次失敗，而且我們還太過於期望達到目標而又難以實現，會讓我們對做這件事情失去信心，從而就不願意再堅持做下去了。

如果我們想要發揮出自己的實力並取得階段性的勝利，就需要我們讓自己的內心隨時處於平靜中，特別是在我們取得了一定的成就以後，千萬不要因為過於追求更大的成功而使我們產生「原發性顫抖」。

想要我們的內心時刻都保持平靜，無論做什麼事情目的性都不強就需要做到：

1. 目標不要定得太大。很多人之所以目的性太強，往往是因為總是喜歡和別人做比較，總是想要超越別人。在這種情況下，我們的目的性就變得非常強。此時，我們需要考慮的就是：倘若做不成，就會失去面子。這樣內心中就容易產

第一章　為什麼越是簡單的事情越難以堅持

生必須成功的自我要求，內心也就不容易平靜了。因此，我們需要把自己的目標定得合理。讓目標符合我們的實力以及在我們的能力範疇中，這樣我們做起來內心才會有自信，也就不會因此而心中掀起波瀾了。

2. 不要在意別人的眼光。可能你經常會想：如果我做不成這件事情，別人會怎樣看我？這其實是我們常犯的一個錯誤。最好不要在意別人對你的看法，因為別人根本就不了解你。我們不要顧及別人的看法，保持自己內心的平靜，做我們自己就好。

3. 多挑戰自己，多經歷一些成功和失敗。有句話說得好：「強大的內心都是被打擊出來的。」所以，如果我們沒有經歷過打擊，我們的內心也就不會那麼堅強。在遇到一些對我們影響比較大的事情時，就容易因為太過於看重目的而使自己的內心顫抖。所以，我們在平時應該多為自己設定一些具有挑戰性的目標，多經歷一些小的成功和失敗。這樣我們內心的承受能力就會有非常大的提升，以後在面臨重大的事情時，就會保持內心平靜了。

綜上所述，如果想要保持內心的平靜，需要我們制定一個合理的目標，讓「原發性顫抖」消失，這樣我們在做一件事情的時候，就不會太過於針對目的而去做，從而使我們更容易堅持下去。

無法堅持並非你意志力不夠，而是你高估了它

我們平時在社群上經常可以看到類似這樣的目標：「今年要看完60本書、明天不再熬夜、每天運動半個小時」等。到最後卻發現，這些目標除了增加了朋友和同事們的點讚，往往發動態貼文的人不會有任何改變。這時候，很多人把失敗的原因總結為意志力不夠。

我們中的很多人都喜歡跟自己過不去，自己先立下一個目標，還讓大家一起幫忙做見證。每到過年的時候，大家的動態貼文便化作一座座高山，等待著被完成。

從這群人自信滿滿的言語中透露出堅定，發誓自己今年一定要完成去年該完成的前年未完成的大前年的計畫。

我們在貼文中立下目標是很容易的，畢竟很多人都會認為我們是一時熱情，最後連我們本人都忘了，別人最後其實也就沒記住。如果讓你當著眾人的面，你還敢輕易地立一個目標嗎？

英格蘭布里斯托大學在英國做過一個調查，這項調查的對象是那些做新年計劃的人。透過大量的資料數據顯示：無論大家在制定計畫的時候如何信心滿滿，88%的人最終都是

以失敗而告終。美國的一家公司也曾經進行了一個15,000多人的調查，發現至少有三分之一的人，他們的新年計畫甚至都沒堅持超過兩個月！

美國投資家查理·蒙格（Charles Munger）為我們留下這樣的經驗：我們想做成一件事，首先要想什麼會阻止我們的成功。所以，我們可以先來看看「別人」計畫失敗的原因。其中35%的人解釋說事情太多，根本沒有時間去完成目標。而33%的人表示他們根本就沒有去堅持執行。另外22%的人說當時計劃完就忘了。還有10%的人認為他們的目標太多，反而堅持不了。這個結果是不是既在我們的意料之外，也在情理之中呢？

除了失敗原因當中「忘記」這類根本就沒有放心上的原因，對其他人中的大部分來說，新年計畫失敗的原因仍是：堅持不下去。

其實每個新年計畫的執行都需要我們和大腦進行一場抗爭，我們讀過很多關於能讓我們達成目標的指南，這些書中會教導我們：做目標要遵循SMART（S，Specific：具體的，M，Measurable：可測量的；A，Attainable：可達成的；R，Relevant：有相關性的；T，Time-bound：有明確的截止期限）規則，要從小處開始，如何高效地利用碎片時間。

這些工具方法或許對我們有一定的幫助，但是如果我們

無法堅持並非你意志力不夠，而是你高估了它

真正地想要達成目標，還是需要先了解在我們思考時背後的原理，那就是：我們的大腦是如何工作的？

我們不難發現，很多計畫都是和我們的人性相違背的，想要完成計畫往往意味著：我們需要不斷呼叫意志力來對抗我們的習慣。比如：從習慣週末躺在家裡睡覺到出門進行運動；從習慣滑社群到開始讀書；從習慣到處購物到開始勤儉節約；從習慣拖延晚睡到按時睡覺。

我們很多人可能會覺得每天做的事情都是自主選擇的結果，其實這種想法是錯誤的。我們每天的活動中，竟然有超過40%都是習慣的產物。可以說，我們的習慣塑造了我們一部分的日常生活。比如你喜歡經常滑社群平臺，突然把你的手機關機一天，你肯定會特別不習慣。但是如果你不把手機關機而是放在一邊的話，習慣性地拿起滑一滑，這種「習慣」動作可能是你很難控制的。

如果我們時刻都在呼叫我們的意志力去對抗我們的壞習慣的話，就會像趕鴨子上架，趕完這邊趕那邊，疲於奔命。所以，我們應該學會如何隨心所欲地駕馭意志力，如何有效發揮它的作用。

1. 做大事者先從小事開始。「我以後再也不亂丟東西了，請大家監督！」、「我每週都要讀一本書！」、「我打算戒掉高脂肪的食物，你們千萬別再勸我吃了！」這些豪言壯語似乎

第一章　爲什麼越是簡單的事情越難以堅持

都是為社群貼文專門訂製的。其實期望越大失望也就越大，目標越宏偉失敗的可能性也就越高，做大事者需要先從小事開始行動。

　　2. 不怕失敗，堅持下去。如果你想在新的一年中真正做出一些改變，那就必須接受這樣一件事情：可能會失敗。比如，想要堅持把英文學好的人，首先要知道學習英文是件非常枯燥的事情，在學習一段時間以後就可能會選擇放棄。

延遲滿足感，讓你堅持下去

　　如果你正在減肥，在面對美味的蛋糕時，是運動後吃，還是運動前吃？你正在找工作，面對兩份工作，其中一份工作剛開始薪資就非常高，是一個簡單重複的工作，基本上沒有什麼發展前途。而另一份工作雖然剛開始薪資很低，但是如果從長遠來看，是非常有發展前途的。面對這些時，你會怎樣選擇呢？

　　1960 年代，美國史丹佛大學的心理學教授沃爾特‧米歇爾（Walter Mischel）設計了一個「棉花糖」實驗（Stanford Marshmallow Experiment）：他把實驗地點安排在大學裡的一所幼兒園內。研究人員找來數十名兒童，然後，讓每個孩子都單獨待在一個房間內，在每個房間的桌子上放上零食，比如棉花糖、餅乾、餅乾等。研究人員告訴這些孩子可以馬上吃掉棉花糖，但如果能夠等到研究人員回來，那麼他們則可以額外獲得一顆棉花糖作為獎勵。他們還可以按響桌子上的鈴，研究人員聽到鈴聲會馬上返回。

　　這個實驗對孩子來說是非常難熬的。其中有一些孩子為了讓自己忍住誘惑，選擇用手蒙上自己的眼睛，或者是轉過身去。還有一些孩子剛開始就表現出不耐煩，開始踢桌子甚至是拉自己的辮子，結果很多孩子堅持不到三分鐘就放棄

第一章　為什麼越是簡單的事情越難以堅持

了。一些孩子甚至沒有按鈴，就迫不及待地將棉花糖吃掉了。還有一些孩子則是還沒過半分鐘就立刻按響了鈴聲。只有大約三分之一的孩子堅持到研究員回來，讓研究員兌現剛才承諾的棉花糖。透過對參與實驗的孩子們的日後觀察，研究者們發現：能夠忍耐更長時間的孩子，通常會有一個更好的未來。

這就是延遲滿足感帶給我們的好處。延遲滿足感指的是一種甘願為更有價值的長遠結果而放棄即時滿足的選擇取向，以及在等待中展示自我控制的一種能力。

一間網路服務公司的執行長說，很多人人生中的問題都是因為沒有延遲滿足感而造成的。

有位執行長大學畢業後不到十年，創辦了網路服務公司，至今公司市值達到上億美元。然而他卻並沒有因此而感到滿足，仍然像當初努力學習程式設計一樣，不斷地前進，沒有任何一個人知道他想要達到什麼樣的程度。他並不滿足當下的成就，只關注長期的目標。他說延遲滿足感程度不同的人，無法共同進行討論，因為他們的深度不同。

如果我們的延遲滿足能力強，那麼我們的自控能力同樣也會很強。延遲滿足還可以理解為忍耐力，當我們在追求更遠大的目標時，可以暫時克制自己的欲望，放棄眼前可以得到的誘惑。

如果我們的延遲滿足能力強，那麼我們的注意力會非常

延遲滿足感，讓你堅持下去

集中。當我們在面對誘惑的時候，我們就會轉移我們的注意力，從而讓我們不會去關注當前的誘惑。

如果我們的延遲滿足能力強，還能夠使我們的目光放長遠。我們要抵抗誘惑，就需要把自己的關注點放在長遠的目標上。

「等待十分鐘」就是一個很好的延遲滿足感的辦法。在「等待十分鐘」中，我們需要在心裡告訴自己：如果在十分鐘以後我們還是想要擁有它，那就可以擁有它。但在等待的期間，要時刻想著長遠利益的重要性。

這個方法對很多人都可以奏效，比如在每次看書之前，我們往往都會習慣性地先拿起手機玩一陣子。此時，我們就可以告訴自己先看十分鐘的書，在等待的過程中，不斷地想：如果我能把握時間讀書，那麼今天就可以把這本書讀完了。十分鐘過後，我們自然也就不想再看手機了。當然，有些人可能做不到。但在我們等待的過程中，我們也在慢慢地增強我們的延遲滿足感。

還有一種方法能夠增強我們的延遲滿足感，那就是降低延遲折扣率。我們的大腦會習慣性地為「未來回報」打折，但這對每個人都是不一樣的。有的人打折率很高，這些人往往會屈服於眼前的誘惑。但對於那些能夠牢記更大獎勵的人，他們往往會等待未來的到來，拒絕眼前的誘惑。當面對誘惑的時候，可以使用這些方法：

第一章　爲什麼越是簡單的事情越難以堅持

(1) 如果我們接受了誘惑，就與我們長期的利益相違背了，我們應該放棄即時的滿足去追求更好的長期利益。
(2) 想像自己已經獲得了長期的獎勵，現在正在享受著應得的成果。
(3) 不斷地問自己：你是否願意放棄它來換取短暫的快感嗎？

堅持使用延遲滿足感，就能夠讓我們抵制住眼前的誘惑，不是為了一時的成果而放棄繼續堅持下去。為了長期目標，我們應該不斷地堅持，這才是我們未來能夠獲得更大成果的重要步驟。

第二章
重複的力量，
枯燥中尋找堅持的理由

第二章　重複的力量，枯燥中尋找堅持的理由

世界上有沒有不痛苦的堅持這件事

　　堅持做一件事情，可能對一些人來說是非常痛苦的。相反，對另一些人來說則是非常高興的。為什麼會有這兩種結果呢？原因就是每個人的心態和看法不同，對待每件事的態度和看法也不同，所以結果也就不同。

　　王明旭大學剛畢業，花了一段時間找工作，沒有找到特別適合自己的工作。於是，他就打算重拾自己大學時的愛好，開始寫作，準備開始進軍自媒體，想要創業。準備好後，他就開始寫文章了。

　　剛開始的時候他很開心，畢竟是在做自己喜歡的事情，並且能夠不受別人的約束獨立工作。但是基本上沒有任何收入，時間一長，這讓他漸漸開始煩惱。但他還想要證明給別人看。在經歷了一年多的時間以後，他實在是堅持不下去了，於是就放棄了。

　　對大多數人來說，都會像王明旭一樣，即使是自己剛開始喜歡做的一件事情，做著做著也會慢慢變得不再那麼喜歡，甚至感到非常痛苦。這是因為心態不夠正向，總認為自己所堅持的事情會為自己帶來負面情緒，沒有產生任何正面的情緒。此時，人們的感覺會慢慢地發生變化，從剛開始的熱情嚮往和樂觀逐漸轉變為痛苦。

消極的心態會影響一個人。而消極心態的產生是由於堅持做一件事情時經歷了多次重複的過程。在這個過程中,一件簡單的事情不斷地重複,漸漸地我們就會感到非常厭煩,只是機械化地做著,找不到任何興趣。而與此同時,如果再加上堅持做的事情看不到絲毫效果,這些因素綜合起來,就會讓我們感到無比痛苦。

在痛苦之中,人們往往會選擇逃避。然而逃避是解決不了問題的,所以只能繼續堅持。而繼續堅持的過程同樣也是極其痛苦的。

我們應該放寬心,把堅持做一件事視為是人生中必須經歷的事,是一個成長的過程。古人云:「天將降大任於斯人也,必先勞其筋骨,餓其體膚。」如果沒有堅持,就不能增加我們戰勝困難的決心,更不可能讓我們一步步地走向成功。

古今中外但凡能夠成就大事的人,往往都是心態良好的人。所以只有我們將心態放寬,才能不被失敗的痛苦所侵擾,安心地堅持去做一件事情。做任何事如果想要成功,都是不容易的,只有一直堅持下去,才有可能成功。而在這個過程中,我們需要忍受痛苦,因為只有忍受了痛苦之後,才能讓我們更加深刻地體會到堅持的不易。

如果想把堅持視為是不痛苦的事,是需要有藐視困難和

挫折的心態和態度的。不要讓失敗成為我們堅持不下去的理由，因為失敗並不可怕，可怕的是我們的心態崩潰，一旦心態崩潰，就很難再堅持下去，我們也就非常容易被困難打敗了。

喜歡的事自然可以堅持，不喜歡的怎麼也長久不了

做一件事情能否堅持下去，有多種原因，其中最為重要的原因就是喜歡與否。如果喜歡做這件事那麼自然可以堅持，如果不喜歡的話即使是強迫自己去做、去堅持，最終，也會因為自己的厭煩而選擇放棄。

麥可・喬丹（Michael Jordan）是一位偉大的球員，在他的帶領下，在1993年公牛隊連續三連冠，這時他的籃球職業生涯也到達了巔峰。然而這時候，傳來了一個壞消息：他的父親遭到了槍殺。之後他想起了父親曾經說過想讓他打棒球。於是，他結束了自己的籃球職業生涯，開始打棒球。

幸運的是當時他加入的棒球隊的老闆正好是公牛隊的老闆，老闆知道棒球根本就不是喬丹喜歡的，他也不擅長。因此，喬丹在棒球領域並沒有取得好成績。1994年在美國，籃球的熱度超過了棒球，於是，喬丹又選擇重新回到了自己喜歡的籃球事業上，重新帶領著公牛隊，再次取得了三連冠，最終證明了自己。

當喬丹決定成為一個棒球運動員，就注定了他很難堅持下去。因為棒球只是他爸爸想要他去做的事情，而他喜歡的依舊是籃球。而喬丹之前強迫自己去打棒球，到最後還是放

第二章　重複的力量，枯燥中尋找堅持的理由

棄棒球重新回到籃球領域，這就是喜歡和不喜歡的結果。

對一個人來說，做自己喜歡的事情和做自己不喜歡的事情是有很大區別的。做自己不喜歡的事情時從內心深處是有所抵抗的。展現在行動上就是自己不想做，即使是強迫自己去做，內心和行動上的不一致，也會讓自己非常難受。

而對於做自己不喜歡的事情，我們往往總會找出各種懈怠的理由：或者說自己做不好，或者說自己不擅長，或者說自己做起來不順手等各種藉口。總之一做就覺得不舒服，當然也就不可能一直堅持下去了。

因為原本不喜歡做這件事情，如果在做的過程中遇到挫折，心情就會大受打擊。在這種打擊下，本來就不喜歡做，現在既然已經做了，但是覺得做得不好。因此，也就順理成章地放棄了。

有一個小男孩喜歡彈鋼琴，他從小就開始練習，雖然他的進步很顯著，但是離成功還是很遠。因此，他就更加努力。不幸的是，在他10歲的那年，他出了車禍，嚴重的傷勢斷送了他的鋼琴夢。這對他的打擊非常大。

但是，小男孩並沒有放棄自己喜歡做的事情。在他的不懈努力下，年僅21歲的他終於登上了國際舞臺，感動了無數觀眾。他用自己的執著演繹了自己不平凡的人生。

喜歡做一件事情，我們就不會因為受到阻礙而放棄，而是會更加堅定地走下去。之所以會毫不猶豫地堅持，是因為

喜歡的事自然可以堅持，不喜歡的怎麼也長久不了

喜歡，是發自內心地接受，並且願意為之付出。在內心接受就意味著，無論發生或者受到什麼樣的打擊，我們依然不會放棄喜歡和堅持。

喜歡做一件事情，往往會帶動我們自己的情緒，這種情緒是積極向上的。它會激發出人們內心深處的力量，並且這種力量很難消失。特別是在遭受打擊之後，這種力量能夠幫助人們克服因為遇到困難而導致的情緒低落。

喜歡做一件事情，我們還能從中找到樂趣。如果在做一件事情時，根本感覺不到什麼樂趣，只是選擇咬牙堅持下去。那麼對於我們來說是一種精神上的打擊，可能會覺得越做越無聊，煩躁的情緒也會油然而生，在這種情況下，遲早有一天會堅持不下去。

相反，如果我們做自己喜歡的事情則會感到樂趣，越做越痴迷，越做越開心。這時候就不再是「為了做事而去做事」，而是「為了有趣而去做事」。這樣一來，很多人都會選擇繼續堅持。

總之，如果想要把事情做好，需要我們的堅持，最好的辦法就是去做我們自己喜歡的事，而不去做自己不喜歡的事。只有這樣堅持做下去，才會越來越有樂趣和信心，並且願意為之付出而毫無怨言。如果情緒保持積極向上，那麼自然也會樂意行動，在心理和行動上保持一致，努力做好一件事情並且堅持下去。

第二章　重複的力量,枯燥中尋找堅持的理由

如果你抱著抗拒心理去做一件事,往往做不下去

我們在做一件事的時候,倘若懷著不同的態度去做,就會有不同的結果。如果懷著抵抗的心態去做,從剛開始就不喜歡、不願意去做這件事情。那麼,只能是做一段時間後,最終選擇放棄。

小雪的父母都是美術老師,他們在同一所國中教美術課。當小雪上國小後,他們就開始培養小雪的興趣。她的父母希望小雪長大以後成為一名畫家,於是,他們在有時間的時候就會主動教小雪一些美術方面的專業知識。

但是事實上小雪並不喜歡畫畫,而是喜歡音樂創作,所以她並不希望父母插手自己的愛好選擇。當她的父母每次為她講授美術方面的知識時,她總是覺得很厭煩,並且對他們發脾氣。有一天,她找來了父母,並明確地告訴他們:自己不喜歡美術,也不願意學習美術,而要去學習音樂。

如果我們在還沒開始做一件事情時就不喜歡做、不願意做,或者是在做事情的過程中受到嚴重的打擊後,就非常容易對這件事情產生抗拒心理。進而對做這件事情失去了信心和興趣,不願意再做下去。

這時候,如果我們不能使自己擺脫抗拒的情緒,繼續做

如果你抱著抗拒心理去做一件事，往往做不下去

這件事情，往往會越做越厭煩，並且效率極其低下。伴隨而來的還有可能導致心情低落，當心情低落到極點就會徹底爆發。不但會讓我們徹底想放棄做這件事情，甚至還會出現一些心理上的問題。因此，如果在做一件事情時產生了抗拒的想法，我們要及時調整、摒棄這種不積極向上的心理。

如果遇到了這樣的瓶頸，我們只有調整好心態，並且做事情的時候不再牴觸，才能從心裡戰勝自己，讓自己再次揚帆起航，進而繼續完成這件事。首先，心態的改變首先影響的就是對待這件事的態度，態度的轉變就會影響行動。其次，我們在做這件事時心態良好，就會喜歡並努力去做，努力去做才能將事情做好，取得一些小成果以後，就會增加我們的信心，讓我們更有動力地堅持把事情做下去。

畢業後的劉佳瑩為了擁有更好的生活條件，同時她也想要擁有自己的企業，於是就開了一家化妝品專賣店，就開始了自己的創業生涯。剛開始時來購買的顧客非常少，劉佳瑩安慰自己，這不過是由於店鋪剛開張，沒有什麼知名度，因此才會出現這種情況。她鼓勵自己不要放棄，加倍努力一定能成功。接著，她繼續每天堅持經營著。

時間過去了一年多，店鋪的生意依舊沒有好轉，反而她自己已經負債累累了。漸漸地她開始討厭化妝品，即使是有顧客前來詢問，她也不怎麼認真地向顧客介紹。就這樣她把店鋪關了，找了一份工作，可是沒過多久，她就發現自己其實不想一直上班。於是她重新開了一家化妝品專賣店，這次

第二章 重複的力量，枯燥中尋找堅持的理由

無論發生什麼情況，她都一如既往地繼續賣化妝品。經過三年的時間，終於得到了顧客的認可，並且她成了多個化妝品品牌的總代理。

如果你在做一件事情時產生了抗拒心理，那麼做一段時間後往往會選擇放棄。因此，我們想要堅持做一件事情，就要放下抗拒心理。那麼如何放下抗拒心理呢？

一、多做少想

當你準備做一件事情的時候，可能會對將要做的事情有一定的抗拒心理，所以剛開始接觸的時候不願意去做。這時就可以先做，不要去多想自己是否願意。當你做多了，並且獲得了一定的收穫和成果後，漸漸地你就會發現這件事並沒有自己想像中的那麼差，從而降低了自己從前對這件事的牴觸情緒。

生活中其實有很多事情都是這樣的：往往自己想要去做的做不成，而自己深感抵觸的事情到最後反而會做得很好。

二、既來之則安之

當你在做一件事情的過程中如果受到了打擊，而且失去了對做這件事情的信心後，就容易產生抗拒心理。所以在我們不想去做的時候，不妨用心理療法對自己說：「既來之，則

安之」,「為什麼我就不能承受這些呢?」所以既然選擇了做這件事情,就不要輕易放棄,更不要內心有牴觸情緒就不願去做。

很多事情都是不容易的,只有堅持下來才能成功。堅持就是勝利,堅持下去才能看到美好,過程只不過是一種經歷。

三、合理的宣洩

很多人之所以會牴觸做一件事情,大部分原因是自己堅持了很長時間,但是卻看不到任何成效。而此時在內心積聚最多的就是怨氣和不解,其實只要合理地宣洩,並且得到親人和朋友們的鼓勵也可以擺脫這種牴觸情緒。而宣洩的途徑包括:讓自己放兩天假、出去走走、找幾個知心的朋友談談心等。

透過合理地宣洩心中的怨氣和煩惱才能達到消除牴觸情緒的作用,把之前的事情堅持做下去。

總之,抱著抗拒心理做一件事情往往不能夠堅持做下去。而我們要學會如何擺脫抗拒心理,從內心深處接受且願意去做這件事情。這樣我們才能從內心中獲得前進的動力,堅持把事情做下去,直到成功!

第二章 重複的力量,枯燥中尋找堅持的理由

總要找一個自己「想想就興奮」的動力

我們在做一件事情往往都需要有動力,而沒動力就沒有做事情的熱情,沒有熱情就不想去做,也就沒有了堅持下去的理由。所以我們在做一件事情的時候,盡量去找一個自己「想想就興奮」的動力,從而為了實現這個目標而堅持下去。

1976年4月1日,21歲的賈伯斯(Steve Jobs)和朋友在他自己家的車庫裡創立了蘋果公司(Apple Inc.)。公司的名字由賈伯斯所起,剛成立的蘋果公司生產的電腦銷售很差,生意非常慘淡。但是,賈伯斯依然堅持改變世界的理想。一次偶然的機會,一個零售商來到了他的車庫,當看到了賈伯斯演示完電腦後,訂購了50臺,從而他得到了創業的第一桶金。

隨後賈伯斯和朋友又製造出了蘋果II號機,很快就風靡起來,在手機市場大獲成功。但隨之而來的是由於賈伯斯對於研發和產品定價和其他管理層意見分歧,被迫離開了蘋果公司。但是,在1996年蘋果公司出現了嚴重的危機後,他又重新回來,研發出了包括iPhone(蘋果智慧型手機)、iPad(平板電腦)、iMac(蘋果電腦)等風靡全球的電子產品,最終成了我們耳熟能詳的「蘋果教父」。

正是由於賈伯斯心中有著改變世界的這個動力,他才能在自己已經不在蘋果公司的情況下,重新回到蘋果公司,幫

總要找一個自己「想想就興奮」的動力

助公司度過危機。找到了堅持做一件事的動力，也就找到了為之奮鬥和堅持的泉源。

試想如果一個人在做事時根本沒有任何動力，覺得做這件事情就是做下去就可以了，怎麼可能會長久地堅持下去呢？

如果我們做一件事情的時候沒有動力，還會感覺無聊，感覺毫無成就感。當看不到堅持下去的希望時，往往會認為堅持下去可能不會發生任何改變，繼續堅持下去也不過是浪費時間而已，在這種思想的影響下，很多人都會選擇放棄。

因此，如果我們想要把一件事情堅持做下去，就要給自己找到堅持下去的動力。找到動力後，做這件事情時就變得不再那麼乏味了，就能讓我們將這件事堅持做完。有時候在內心深處留下想像中的美好，對一個人有很大的激勵作用，這會給予我們無窮的力量，讓我們克服沿途遇到的所有困難，最終，頑強地堅持下來。

在某個公司舉行的一次慈善活動中，公司規定每一位員工都必須進行無償捐贈。歡歡本來是不願意將自己的東西無償捐獻的，但迫於壓力也只能這樣做了。於是，歡歡把自己的舊衣服捐了出去，公司把這次參與捐獻的公司員工的名字和聯絡方式留給了被捐獻的機構。一段時間以後，歡歡收到了一封感謝信，在信中她看到了來自遠方的真摯感謝。

從那以後，歡歡有了捐獻的動力，她開始主動尋找需要

第二章 重複的力量,枯燥中尋找堅持的理由

捐獻的機構,把自己的其他閒置物品捐獻出去,最後她幫助了越來越多處於貧困中的人們,得到了許多人的敬佩。

有時候,我們在做一件事情的時候是沒有任何動力的,甚至是不願意做的。而這並不代表你不能從中找到讓你「想想就興奮」的動力,也許就在不經意間,你就會找到動力,找到堅持下去的理由。因此,在做一件事情的時候,不要總是輕易放棄,而是應該在做的某一段時間內即使沒有任何動力,也不要放棄。要堅信在下一個瞬間,就能找到堅持下去的信心和動力。

讓我們堅持下去的動力其實有很多,在做一件事情的時候,只要堅持下去,並且善於發現,用心發現其中的樂趣和感動,要學會聯想,想像自己如果堅持下去了,就會取得什麼樣的成就?能夠獲得什麼?抑或是自己做這些能夠幫助別人什麼?這些都是可以幫助你找到堅持做一件事情的動力的一些方法。

總之,無論我們在做什麼樣的事情,最好能夠找到讓自己心動的動力,找到這個動力之後堅持下去的力量也就會源源不絕,這樣在發自內心的動力驅使下,才會讓我們表現得更為積極,才能把事情堅持做下去並且做得優秀。

學會儲存，
而不是消耗自己的內在動力

著名心理學家榮格（Carl Gustav Jung）對內在動力這樣說：「將其與集體無意識連繫起來，並以『生命動力』為前提。內在動力就是個體在環境和自我交流的過程中產生的、具有驅動效應的、給個體以正向暗示的生物訊號。」所以內在動力的本質是一種無意識力量，源於最原始的，累積了整個歷史經驗的心理感受在人腦中的反映。

在選擇做一件事情時，內在動力的影響是非常巨大的，如果我們把內在動力消耗殆盡，沒有了內在動力的作用，也就不可能把一件事情堅持做下去。因此想要把一件事情做好並且堅持做下去，儲存內在動力就顯得尤為重要。

而內在動力之所以會消耗殆盡，主要是因為外在環境和人際關係會消耗內在動力。外在環境影響因素包括：選擇過多、憑空想像、害怕失敗、不了解自己內心的需求。在這些因素的影響下，內在動力就會漸漸耗盡。

生活中，我們會發現有這樣的一種人，他們往往什麼都做，看起來非常勤奮和辛苦，但是卻沒有很大的成就。歌德（Johann Wolfgang von Goethe）認為「人們都希望能同時掌

握多種能力,這聽起來似乎不錯,但人類天生沒有這個本領。所以我們必須讓自己在一個領域中有特殊性。」同時做好幾件事情,往往會使自己分心,這樣內在動力就會被消耗殆盡。

想像是美好的,一個人有夢想就要勇於想像,去想如果把想像的事情做成功後會如何美好。但是,如果一個人只會想像,而不行動,這樣也會消耗自己的內在動力。

做任何一件事情都不是一帆風順的,在做的過程中,往往會遇到很多麻煩和困難。而有一部分人則會因為害怕失敗,不知道怎樣做、怎樣選擇,是該繼續進行下去還是該放棄。在這種選擇不定同時內心又極度害怕的情況下,往往會消耗自己的內在動力。

在現在的社會中,由於種種原因,我們總是被迫做著自己不喜歡、不願意做的事情。並不了解自己內心的真實想法,違背自己的意願去做一件事情,往往不能把事情做好,內心還會產生抗拒心理,這樣就會消耗我們自己的內在動力。

因此,想要將一件事情堅持做下去,就要儲存我們的內在動力。

許勁飛的是會計系畢業的,畢業後,他就在一家公司做會計。工作了三年以後,他感覺會計不適合自己,於是他決

學會儲存，而不是消耗自己的內在動力

定換一個工作。

他的父母認為許勁飛口才很好，就想讓他做業務的工作。他的朋友則建議他從事金融行業，告訴他做這個行業比較賺錢。他有一段時間也很苦惱，不知道自己應該怎樣去選擇，最後，他決定自己創業，開一家餐館。

剛開始的幾個月根本沒有幾個客人，但他還是信心滿滿的，努力經營著。但是生意也沒有任何好轉，朋友們都勸他放棄，可是他還是不肯放棄，儘管有幾個月員工的薪水都是跟銀行借錢發的，經過很長時間的虧本以後，漸漸開始賺錢，慢慢地開始有了一些盈利。最後，許勁飛終於賺到了人生的第一桶金。

想要成就一件事情，就需要我們儲存內在動力，不被消耗殆盡。我們要試著去管理好自己的內在動力，避免外界環境的影響，這就需要我們首先確定自己內心真正想要做的。找到內心最想做的事情，就不會耗費內在動力去強迫自己做，而是發自內心的主動去做，同時，也避免了過多選擇對你的干擾，你能第一時間拒絕去做自己不喜歡的事。

其次，既然選擇了自己喜歡做的事情，就不要害怕失敗，而是要勇於面對困難。這樣才不會在猶豫不決中消耗自己的內在動力，最終導致內在動力消耗殆盡。

總之，做一件事情想要堅持下去，不要放棄，要學會對內在動力的管理，不要讓內在動力消耗殆盡。

第二章 重複的力量，枯燥中尋找堅持的理由

沒有枯燥的工作，只有無趣的靈魂

一份工作，剛開始都會讓人覺得新鮮有趣，但做一段時間後，就會變得枯燥無味，了無生趣，甚至難以忍受。

產生職業倦怠的原因是審美疲勞，要避免審美疲勞那就需要我們調整好自己的心態，不斷地變換不同的花樣，就像在咖啡中加點糖一樣，使你的工作不再「苦澀」。

有一位教師曾有很多機會改行從事其他行業，但是他卻數十年如一日地在三尺講臺上講得津津有味。在一次同學聚會上，有人問他：「這麼多年，重複著一樣的工作，難道不覺得厭倦嗎？」

他說：「我想任何一份工作都有其重複單調的一面，這要看你以怎樣的心態去對待。像我教的科目，絕不是年年如一，像『吃剩飯』一樣，相反的，每年都有新的變化，因此我每天都要透過各種管道了解最新時事動態，與各地的同行交流，並不斷地看一些新的書籍，這樣在編寫講義時就會覺得新鮮，這樣講課同學們喜歡，我自己也從中找到了樂趣。而且我經常會和我的學生聊天，也會發現許多新的東西，畢竟年輕人的見識還是比較前衛的，有很多東西是值得我們去學習和借鑑的。」

沒有枯燥的工作，只有無趣的靈魂

很多人在從事一份工作時，在簡單熟悉完工作的內容後，就不再願意付出努力去提升工作需要掌握的技能，只求把工作完成，並且在心裡安慰自己，即使是這個職位做得再好，也沒有什麼發展前途。就這樣漸漸失去了努力工作的動力和提升自己的興趣。

許多人會抱怨工作很無聊，會透過換工作尋找新鮮感。也有人會長期在工作中自得其樂。那麼一份工作的趣味，到底是怎樣形成的？

《當下的幸福》（*Happiness in Action*）給出了答案：要把一份工作變得有趣，就要把它轉換為一項複雜而富有挑戰的活動。

黃明紅在市區公共汽車公司做清點乘車費用的工作，到了晚上公車開入停車場以後，他和其他的點鈔員就開始工作。零錢的數量實在是太多了，清點和整理的工作要忙到很晚。他在公司待了一段時間以後，發現同事們對這個工作都不滿意，時常聽到他們抱怨說：「這個工作真無聊，整天都重複做一件事情。」每天工作的時候，他們總會時不時地偷懶。即使是工作也是慢慢做，一點也不著急。

他卻並不是這樣認為的，他總是把零錢分成差不多相同的幾份。然後，從其中的一份開始清點和整理，整理完以後，他會記錄下時間。接著開始清點整理第二份，此時他就會加快速度，設法以更快的速度完成。就這樣，他每天都這

第二章 重複的力量，枯燥中尋找堅持的理由

樣做，天天都充滿精神。終於，他成了整個公司清點和整理最快的人。為此，他還受到了老闆的表揚。

嘗試去發現別人沒發現的機遇，不斷磨練提升技能，設定可以達到的目標。是不是很像打怪升級的遊戲？是的，遊戲很吸引人，但那是別人設計好的。生活中很多事情沒有人幫我們設計，我們必須學會自己去轉換，讓它變得有趣。

所以，重要的不是做什麼工作，而是我們需要有自得其樂的性格，想讓工作變得有趣起來。可以先花幾分鐘想想，如果這是個遊戲，我們要如何設計關卡、技能樹、金幣裝備，每個人都可以是現實生活中的遊戲製作者。

一、藉助小工具成為高效率辦公達人

越是單調重複的工作，被效率工具改善的空間就越大。且不說今天手機和電腦上各式各樣增進效率的軟體層出不窮，光是 Office 和其他主流辦公軟體的深度功能，就是取之不盡的神奇寶箱。

人先天具有一種與工具相抗拒的惰性。我們總是對自己的原始做事方式過於自信，而對能夠顛覆舊有行為模式的新事物唯恐避之不及。

主動和上司與同事們分享你的經驗，幫大家脫胎換骨。作為一名「工具小能手」，你在公司的存在感也會大大提升。

二、為工作引入一些隨機性和新元素

比如重新布置辦公桌，放上新玩偶、繪本和多肉植物；更新滑鼠、鍵盤和耳機；把原本的書架打亂，然後重新排列；更換午餐的「飯友」，以結交更多的朋友……

除了工作環境之外，還可以嘗試為工作本身加入點新東西。「隱喻」是一個很好的方法，把不同的工作任務分別命名為越野、跑酷、潛水、突擊，也可以把自己和同事比作船長、遊俠、神醫、巧匠。透過這種方式，重新賦予眼下工作的意義，並發現新的熱情所在。

工作沒有枯燥之分，有的只是我們內心的感覺。運用我們的智慧，適當地為我們枯燥的工作加一點樂趣，那麼做起來就會變得有趣，同樣我們自己也會變得有趣起來了。

第二章　重複的力量，枯燥中尋找堅持的理由

> 憑內在動機去做事，
> 更容易取得意想不到的成就

在日常生活中，我們會有這樣的經驗。當我們被迫地去做一件事情的時候，心情會相當不快，同時事情往往也不能做好。相反，當我們去做自己想做的事情時，心情會變得愉悅，也能夠把事情做好。

這種現象其實就是內在動機的作用，愛德華·L. 德西（Edward L. Deci）在1970年為了研究內在動機，曾做了這樣一個實驗：他找了一批學生，然後將這批學生分為A和B兩個小組。將兩個小組的學生分別安排在兩個房間之內，接著給他們一些積木，讓他們分別在指定的時間內，完成指定圖案。

他告訴A組學生，如果能在規定的時間內使用積木拼出指定圖案，將會有金錢的獎勵，但沒有告訴B組的學生，也沒有獎勵。過了一段時間，他走出了實驗的房間。透過隱藏在房間裡的單向鏡來觀察學生們的反應。

透過實驗他發現，A組學生在自由活動時間內，往往會放下積木拼圖去看雜誌，而B組學生則會繼續進行拼圖。實驗的結果證明：金錢等外部獎勵反而會削弱人類的行為動機。

憑內在動機去做事，更容易取得意想不到的成就

他透過進一步的研究，得出了自我決定論。

自我決定論認為：內在動機驅動的人，純粹是興趣、享受和內在滿足驅動，高度自主，即使沒有外在獎勵和懲罰，他也會行動。內在動機驅動的行為能為他帶來快樂、成就、意義和傳承，從而更加幸福。

李雪喬在一家網路企業上班，她主要負責的工作是前端程式碼編寫，平時需要寫大量的代碼。在工作中，她發現公司使用的代碼除錯軟體效率非常低下，並且還經常留下一些邏輯上發現不了的錯誤。

於是，她想有沒有可能自己編寫一個軟體解決這些問題。接著，她就利用自己空閒的時間，開始針對這些問題進行軟體編寫。經過大約半年的時間，她順利地把軟體編寫了出來。並且給公司的其他同事使用，得到了大家的一致好評。因為這大大減少了大家除錯的時間，為公司提升了效率。

不久後，公司的利潤大增，並且得到了顧客的一致好評。連她自己都沒有想到，公司因為這件事情不僅幫她加了薪，還提拔她為小組組長。

忽略眼前的利益，不以利益為前提做事情，憑藉自身的內在動力，去做一件事情，往往能獲得意想不到的收穫。相反，如果我們只是唯利是圖，在工作中，除了自己必須要做的工作以外，別的工作一點都不想做，甚至是公司讓加班，也是先問有沒有加班費。即使有加班費，也不情願做。

第二章　重複的力量，枯燥中尋找堅持的理由

　　這樣的人，在做一件事情的時候，往往只是依靠外界的獎勵，也就是外在動力。這一驅動力往往很容易就喪失了。比如加班時有一點不如意，就會抱怨明明下班了還要工作，真是不想做。接著即使有加班費，也只是強忍著，極不情願地工作。這樣的狀態一定不能把工作做好。

　　因此，無論是在工作上還是在學習、生活上，依靠獎勵的外在動力是不可取的。要想讓自己做一件事情長期堅持下去並取得一定的成果，就必須憑藉自己的內在動力，這樣才能獲得源源不斷的能量，來支撐自己堅持下去。

　　我們在做一件事情的時候，內在動力是不一樣的。這也導致了我們能否堅持把一件事情做下去以及堅持的時間長短。內在動力強的人，能夠長期堅持下去，直到把這件事情做好。而內在動力不強的人，一般堅持一段時間後，就放棄了。

　　怎樣才能提升自己的內在動力呢？

一、從一件非常小的事做起

　　我們剛開始做一件事情的時候，內在動力是非常大的，從而開始做一件事情。隨著遇到了困難，內在動力就沒有了，完全依靠外在的驅動力進行堅持，顯然這種堅持也不能持續太久。

憑內在動機去做事，更容易取得意想不到的成就

因此，想要讓我們的內在動力變強，就需要發現做一件事情的快樂和意義，讓自己發自內心地想做。我們不妨先從非常小的事做起，比如讓座給老人。這樣做了很長時間以後，我們就會發現我們得到了別人發自內心的感謝，漸漸我們就願意為別人付出，不再特別強調個人的利益，這樣我們的內在動力就提升了。

二、多問幾個為什麼，增強自己的好奇心

我們在做一件事情的時候，往往因為不了解做這件事情能得到什麼，因此，總感覺做起來很迷茫，感覺即使自己做了也沒有什麼收穫。此時，我們可以多對我們做的事情提出幾個為什麼，增加我們的好奇心。比如上級讓下屬去調查一下市場情況，大多數人認為這樣的工作不應該自己去做，還不如休息呢。他們就開始抱怨，為什麼不是別人去做呢？

此時，可以多問幾個為什麼？是不是上級想要鍛鍊我的能力？是不是這次調查非常重要，別人都做不了呢？這樣就能增加我們的好奇心，想要搞清楚，內在動力也會增加，想要堅持把這件事情做到底。

憑內在動機，往往能分散一些干擾，專心並且有毅力地堅持把一件事情做下去，也更容易獲得意想不到的收穫。

第二章　重複的力量，枯燥中尋找堅持的理由

比你優秀的人都在拚命堅持，你憑什麼逆襲

在我們身邊有這樣一類人，他們天天喊著我要走向成功，結果剛開始行動沒多久就放棄了。問他們為什麼？他們總會說：「別人比我優秀一百倍，即使我再怎麼努力也是沒有辦法追上他們的。」

這是很多人為自己的失敗和不努力找的理由，其實這個理由是不成立的。

許多成功人士，都比我們大多數人優秀，他們完全可以工作一段時間以後，選擇功成身退，去享受生活。但是，他們卻沒有放鬆自己，依舊時刻努力著。社會對每個人都是公平的，努力了就有很大的可能獲得成就，而不努力，整天活在抱怨中，感覺自己本來就不如別人優秀，以此為藉口，不努力。那麼什麼時候都不能趕得上別人，更別提超越別人了。

無論做任何事情，不逼自己一把、不打拚一把，堅持把一件事情堅持做下來，根本就不會知道自己原來有多麼優秀。「越努力，越優秀。」這句話適用我們中的每個人。

抱怨只能讓我們更加沮喪和沒有信心。做一件事情並非

我們真的做不到，而是在我們的潛意識裡認為自己做不到，也就根本沒有開始。沒有開始就結束，那麼結果一定是失敗的。而開始行動，對自己有信心不沮喪，在自己的潛意識裡告訴自己可以做到，堅持下來，並不一定真的做不到。

天生優秀的人並不多，大多數都是透過自己的努力，慢慢提升自己的能力，然後變得越來越優秀的。只依靠自己的聰明才智，不去努力和學習也很難成為一個真正優秀的人。

小鵬小時候因為家裡窮，書沒讀完就輟學去工作賺錢了。在工作的期間，做過飯店的服務生。後來他在自己工作的飯店遇到了生命中的貴人，開啟了演藝生涯。

沒有任何戲劇底子的他，為了學好演戲，風雨無阻地每天讀報，為的就是練好自己的發音。經過他的努力和用功練習後，他的水準漸漸逐漸有了明顯的提升。。

後來，他終於成功了，跟著師父越來越紅，上遍了各大節目。

任何人的成功都不是輕鬆的，無論你是優秀的人，還是能力稍差一點的人。不經過努力和堅持也很難成功，雖然小鵬沒有驚人的天賦，他也常調侃自己沒讀書。但是，他依然成功了。

每個人的出發點是不同的，這是非常正常的一件事情，這是我們沒有辦法決定的事情。但是，後天的努力確是我們每個人都可以決定的事情。我們不要把注意力集中在別人身

第二章　重複的力量，枯燥中尋找堅持的理由

上，只看到別人的優秀，而沒有看到自己的優勢。去抱怨，進而放棄停止不前，這樣永遠沒有辦法實現自己的夢想。

即使我們暫時不那麼優秀也沒有關係，努力就是我們逆襲的法寶。透過不懈努力，也一定能夠取得成果。

比你優秀的人還在拚命努力，而你卻在抱怨中，選擇安逸不去奮鬥、不去堅持，這樣怎麼可能逆襲。所以，從現在開始，拋開一切的抱怨，督促自己開始努力，比別人更努力，這樣我們就有可能完成逆襲，走向人生巔峰。

在做的過程中，
不斷提醒當初做這件事的初衷

紀伯倫（Gibran Kahlil Gibran）曾經說：「我們已經走得太遠，以至於忘記了為什麼出發。」

墨西哥曾經非常流行一個寓言：有一群人在匆忙地趕路。這時候，忽然有一個人停了下來不再往前面繼續走了。其他的人就問他：「你為什麼不往前面走了。」那個人微笑著對他們說：「走得太快了，靈魂落在後面了，我等著它。」

這個人等的就是初心，我們在生活中，容易受到現實中的誘惑，只盯著最終的目標，忘記了自己當初是為了什麼而出發，不知道接下來應該怎樣去做，徘徊迷茫，甚至是走錯路，離當初自己想要做的事情越來越遠。

大約在三個月前，孫雪晴看到表姐最近在繡十字繡。她也覺得手癢癢的，於是她也決定自己買一幅繡一下。為了不影響工作和生活，她為自己定下了一個規矩：每天只繡兩個小時，慢慢來。但是，當她努力繡了幾天以後，就把當初的規定給忘記了，每天都拚命地繡，總是希望能夠盡快把它完成。

孫晴雪之所以會忘掉自己的初衷，是受到了成功的誘惑，迫切地希望自己能夠趕快把一件事情做完並且做好。但

第二章 重複的力量,枯燥中尋找堅持的理由

是時間一長肯定是不行的,會誘發出種種問題:第一,她的身體感到不適,做這件事情耗費了她太多的時間,工作時沒有精神。第二,她也把自己的生活節奏打亂了。

當她意識到這一點後,立刻讓自己重新遵守當初的規定:每天只繡兩個小時。到什麼時間做什麼事情。漸漸地,她的生活又重新回到了正軌。

生活中,我們遇到類似「繡十字繡」的事情會很多,在繡的過程中,我們會遇到各式各樣的誘惑,把我們帶離正常的軌道。因此,我們要時刻警惕,不斷地給自己敲響警鐘,讓我們不要忘記自己的初衷。

一支由五個人組成的樂團,因為一首歌而爆紅,而這個樂團中的小健卻很少有人知道。他出生在一個文藝世家,從小就受到薰陶。在就讀大學期間,他就曾在校內的歌唱競賽中拿到了第一名。

他與其他四人組成了樂團進軍娛樂圈。但是僅僅一年以後,他就因為音樂風格不合而離開樂團,選擇堅持自己的風格。在之後的日子裡,生活瞬間變得清貧。他租房住在都市中的一間沒有空調的老房子內。他父親病重時,他甚至拿不出幾萬塊錢。

後來,在他長期的堅持下,終於憑藉自己的一己之力,終於闖出自己的一片天。

在做的過程中，不斷提醒當初做這件事的初衷

如果小健當初不離開正當紅的樂團，那麼他肯定會既獲得豐厚的收入，同時也能更加出名。但是，他還是選擇了離開，堅持自己的音樂風格。因為他堅持的是自己的初心，他明白當初樂團所選擇走的音樂風格並不是他想要的，背離了自己的初心。所以他即使面臨巨大的收入和名聲誘惑，依舊選擇毫不猶豫地離開，這需要多大的勇氣。

堅持初心需要我們經過多次內心掙扎，在這個掙扎過程中，我們最主要的「敵人」就是生活中的壓力和利益的誘惑。這就需要我們有勇氣拒絕利益的誘惑和默默承受生活中的壓力。

在接受媒體採訪時，當被問道：「如何才能保有初心？」他的回答是：我至今記得大學時有一位老師曾經說：人若能保持學生時期的狀態，人生就不會無聊。

因為在學生時代，他遇到的老師知識越淵博，表現得越謙卑。當他走入社會時，他仍然保持學生心態，靜下心來，不追名逐利，專心研究自己喜歡的。始終對自己抱有信心和期望，相信堅持自己的初心就能有所突破和成就。

我們在做一件事情的時候，想要堅持下去，就要保持自己的初衷不變。這就需要我們調整心態，不驕不躁，充滿自信和活力，對未來充滿信心，同時也會毫不猶豫地拒絕誘惑，並鼓起勇氣向前衝。堅持初衷，把事情堅持做下去。

想像成功，讓自己有動力堅持下去

　　大部分人都會有這樣的感受：做一件事情，不斷地重複著，慢慢地就會感到枯燥乏味，沒有動力再堅持下去。此時不妨設想一下成功的畫面，讓自己感受一下成功後的喜悅和開心。這樣就能提升自己的動力，就能堅持把事情做下去。

　　美國有一名舉重運動員，他的名字叫查爾斯・加菲德。他對心理學也十分感興趣，經常做一些研究。有一次，他參加了一場醫學會，會議後，他得到了一份資料。透過對資料的解讀，他找到了從心理上提升運動能力的辦法。他非常高興，就準備馬上進行相關的實驗，來驗證這種方法是否是正確的。

　　他還是跟以前一樣進行舉重，不同的就是在舉重前，按照分析數據上的方式，先設想一下自己能夠做到。當他舉起135公斤的重量時，他不敢相信，自己能夠舉起這麼重的重量，這已經是他這幾年來最好的成績了。並且想要舉起這個重量，必須達到自己的最佳狀態才可以做到。

　　出現這種結果，讓他吃了一驚。但是更讓他吃驚的是，這個研究成果的教授說：如果按照這樣的方法，還可以讓他舉起更重的重量。

　　又過了一天，他再次利用這個方法，進行試驗。他想像

自己獲得了奧運的金牌，體育場的人歡呼雀躍，為他慶賀。他變得異常的興奮，他爆發出全身的力量，結果成功舉起重達 165 公斤的重量舉了起來。這個重量已經遠遠超出了他以前舉起的最重的重量。

這套方法被稱為意象訓練法，在體育運動訓練中被廣泛地運用。

在生活中，我們遇到的成功往往要少於失敗，苦惱、煩躁多於快樂。當我們面對困難的時候，不願意面對面對，讓困難把我們折磨得十分疲憊。那我們不如換一種心境，想像一下成功，然後以勝利者的姿態來應對目前這個過渡階段，那麼就會有不一樣的天地。

想像成功是一種技巧，它能夠激發出身體內的潛在動力。當你在做一件事情之前，在腦海中想像已經成功的畫面；興奮和激動的情緒能夠為你提供向前邁進的動力；當你連續不斷地想像成功後的畫面，你的潛意識就會引導你的行為，並且使你的想法做出一定的改變。

潛意識指的是人類心理活動中，尚未感知的部分，是人們「已經發生但並未達到意識狀態的心理活動過程」。潛意識擁有很強的威力，只要能夠讓你不斷地重複想像自己成功的畫面，讓自己確信這是真實的，那麼你的身體就會立刻做出積極的反應，讓你變得比以前更加積極向上。

這種潛意識的作用往往比意志力更具有影響力，尼克勞

第二章　重複的力量，枯燥中尋找堅持的理由

斯（Jack Nicklaus）是世界上高爾夫球名人之一，他在自己創作的《尼克勞斯高爾夫經典教材》（*Golf My Way*）一書中寫道：他打高爾夫球成功的祕訣就是，他非常擅長想像。就算不是比賽，只是平時的訓練，他也會想像出擊球的詳細畫面，這畫面非常清晰，清晰得就像電影畫面一般，然後，才開始擊球。

比如：他要把球打到果嶺上，他的腦海中就會想到球飛到果嶺上的畫面，以及落到哪裡，軌跡是怎麼樣的。當他腦海中的清晰影像消失以後，他就會立刻揮動球桿將球打出去。正是因為這個原因，他才獲得了如此大的成就。

不要去想自己失敗後應該怎麼去處理，使自己心情沮喪，沒有鬥志。要相信自己，設想成功後的畫面，這樣才能走出沮喪，充滿自信和力量做好一件事情。

著名導演卡麥隆（James Cameron），有一次，對自己的老闆提出想拍一部三個小時的愛情電影。可是老闆認為：卡麥隆擅長拍動作電影，但對於愛情電影接觸得比較少。再加上哪有人願意看這麼長的一部愛情電影呢？於是，拒絕了卡麥隆的提議。但卡麥隆卻認為自己的設想是可以執行的。

於是他問老闆：「我拍的哪一部電影不賺錢了？」老闆答不上來，因為他拍的每一部電影都非常賺錢。沒辦法，老闆只好同意了，但是告訴他，一定要控制成本。卡麥隆答應了。

可是沒過多久預算就不夠用了,老闆決定放棄。卡麥隆堅決不肯,他對老闆說:「我可以不要酬勞,只要把這部電影繼續拍下去。」老闆同意了。這部電影的名字叫《鐵達尼號》(*Titanic*),獲得了巨大的成功,票房收入達到 18 億美元,卡麥隆也獲得了 1 億美元的收入。

設想成功,就能使自己堅持下去,擺脫掉不自信的心理影響。因此,當你感到堅持做一件事情非常疲憊、乏力,不相信自己能夠堅持下去時,不妨設想一下成功的畫面,這樣你就會喚回失去的動力,重新開始堅持做下去。

第二章　重複的力量,枯燥中尋找堅持的理由

第三章
合理安排時間，讓堅持變得容易

第三章　合理安排時間，讓堅持變得容易

首先，你需要有一個清晰的目標

如果我們想要堅持把一件事情做成功，制定一個目標是必須的。因為目標會指引著我們前進的方向，並且激勵著我們不斷向前。那麼只要有一個目標就能堅持做成功一件事情嗎？當然不是，目標大而模糊，反倒會讓我們迷失前進的方向。一個清晰的目標，才能真正指引我們堅持下去，做好一件事情。

生活中總有這樣的一群人，他們往往喊著口號說自己要做到什麼，比如：自己一定要把身材變好。可是身材好又沒有明確的標準，是只要變瘦就行了，還是保持體重，身形更勻稱等。他們就盲目地選擇了幾種途徑：健身、瑜伽、游泳等，然後迫使自己去做。

他們辦了健身房會員，報名了瑜伽課和游泳課。平時白天上班，晚上健身，週末去上瑜伽課和游泳課。堅持了幾天或者幾個星期以後，身心俱疲，最後放棄了。

這是生活中非常常見的現象，明明自己有目標，並且也確定了實施的方法並且去做了，可是最後卻失敗了。為什麼會出現這種情況呢？這就是制定的目標不清晰導致的。

一個大而模糊的目標，往往執行起來讓人沒有動力。一

首先，你需要有一個清晰的目標

個大的目標，對於一個人來說很容易定下，然而定下以後，做的時候往往自己不知道應該怎麼做，從哪個地方入手，做了一段時間以後，發現沒有什麼效果，看不到希望，最後慢慢地就放棄了。

希望是我們把一件事情堅持下去的理由和動力，長時間看不到希望，就會對我們的內心造成嚴重的打擊，讓人產生挫敗感。同時，也漸漸消磨掉堅持下去的耐心，最終，選擇放棄。

哈佛大學曾經做過這樣一個研究：他們以一批在校生作為研究對象，來研究目標對一個人的影響有多大，這項研究持續的時間是三十年。

哈佛大學根據這些學生的目標層次進行分類：第一類是沒有目標的；第二類是有目標但是目標模糊；第三類是有短期目標，並且目標清晰；第四類是有長期目標且目標清晰。

三十年過去了，哈佛大學對這批學生進行調查發現，第一類人大多生活在社會的最底層，並且經常遭遇失敗和挫折。第二類人大多生活在社會的中下層，為了自己的生活往往是疲於奔命。第三類人大多都成了上班族，生活在社會的中上層。第四類人，這些人都是有清晰且長期目標的，透過自己的努力堅持工作或者創業，大多數都成了社會中的菁英或老闆。

透過哈佛大學的調查，我們可以看到擁有長期且清晰目標的人更容易堅持下去，並且最終能獲得成功。這是因為擁有一個清晰的目標，往往能讓人們清楚自己每一步應該怎樣

第三章 合理安排時間,讓堅持變得容易

做,不會因為制定的大而模糊的目標而必須不斷去尋找應該怎麼去做。這樣在不斷尋找的過程中會浪費大量的時間,時間越長精力也會越來越不集中,最終選擇放棄。

目標清晰能夠讓你清楚自己應該做什麼,而不是去隨波逐流,別人做什麼自己就做什麼。

王靜在一家公司做軟體開發,同事們都想讓自己變得更好,這樣就可以拿到高薪。於是,他們每天都很認真地工作,希望能夠得到上級的賞識。但是王靜的目標是成為小組組長,於是,她開始不斷地跟她所在的小組成員交流,並且時常關心和幫助小組中的其他成員。每次下班以後,她總是繼續加班一個小時,來提升自己的技能。一段時間以後,上級讓王靜擔任小組組長,薪水也頗有提升。

對於那些把目標制定得大且模糊的人來說,一旦遇到了挫折和失敗,他們就會懷疑自己是否應該再堅持下去,引發對自己能力的懷疑,並且對做這件事情容易產生失望。

而目標清晰的人,往往不會有這樣的疑惑,因為目標清晰,他們就一定要實現它,無論遇到了什麼困難和挫折,都不會讓他們放棄,並且會更加堅定他們的信心,勇敢地堅持做下去。

總之,在做一件事情之前,首先,要制定一個清晰的目標,這樣自己才不會迷茫,不知該做什麼。在知道了自己應該做什麼以後,就會向著這個清晰的目標,堅定地走下去。

制定合適的計畫，在規定的時間內精確執行

明明制定好了計畫，卻做不到？或者堅持幾天就放棄了？也許並不是你毅力不夠強大，而是你的計畫本身就有問題。舉個例子：林子聰看到同事在一次公司演講中大量運用典故，他非常羨慕。於是，平時不愛讀書的他規劃每個月要讀三本書。每天晚上他準時拿起書讀，但總是翻幾頁就想睡了。一個月之後，他一本書也沒看完。第二個月，讀書計畫就擱淺了。

我們常常認為，別人能做好的事，我們只要努力也能做好，於是比拚似的為自己制定了一個超越計畫。這就像買衣服一樣，別人穿著很好看，自己的身材勉強能塞進去的衣服，穿不了幾天，就會被打入衣櫃的冷宮。生活中，腦袋一熱，隨手為自己制定計畫的現象非常常見，比如：一位女士走在大街上，看到周圍的女性身材非常好，看看自己的身材總是感覺不協調，於是就下定決心，要透過運動來使自己的身材變好。但是她堅持了幾天，覺得運動特別累，就隨便找個理由放棄了。

還有人因為羨慕別人的成果，就把別人的計畫照抄過

第三章　合理安排時間，讓堅持變得容易

來。在執行的過程中，總會出現不適應。比如：一個記憶力非常好的人，每天要自己記住一百個單字。而你的記憶並不怎麼好，卻也要按照人家的計畫執行，顯然是難以持之以恆地堅持下去。

計畫貴在合適，在做一件事之前，我們要依照自身的實際情況去量身制定才行。

黃文章夫婦有次在一個朋友家做客，朋友親自下廚做了滿滿的一桌飯菜。並且味道非常好，得到了黃文章老婆的認可。回家以後，黃文章的老婆抱怨，你什麼都不會，看人家多會做飯，你也應該學做菜。

黃文章也拍胸答應，可是連廚房都很少進的他，一時也不知該從何下手，雖然說做菜的步驟在網路上都能查到。於是他計劃先從認識廚具和調味料開始，並且規定下班以後，利用一個小時進行研究。慢慢地他把下廚所要用到的工具都認清楚了，然後又計劃開始使用道具，學會了這些以後，他才開始上網尋找食譜和認識做飯的食材。

透過一步步努力，他學會了好多種菜的做法，而且他的老婆也常常誇讚他菜做得好吃。

所以，制定計畫一定要從自身的實際情況出發，從自己力所能及的開始，循序漸進才能更容易持久。

另外，合適的計畫一定是清晰的，不能是模糊的。一個模糊的概念是沒有辦法做到的。比如：一個人為自己制定的

計畫是十年以後成為一個成功的人。那麼什麼是成功？這個概念不同的人有不同的定義。因此，這個計畫也就沒辦法執行。所以說合適的計畫一定是清晰的，比如：一天學會 5 個英文單字；每天晚上做 10 個伏地挺身等。

制定了合適的計畫，就要在一定的時間內完成，否則再好的計畫也只能是空想。在執行合適的計畫時，以下這幾點對你會有幫助：

一、具有可執行性

「萬事開頭難」，執行一個合適的計畫，第一步要具有一定的可執行性。比如：一個人要訓練身體，於是他計劃用跑步來達到這個目的。這個計畫執行起來並不困難，但是如果這個人把第一次跑步的距離設定為三公里的話，執行起來就困難了。

因此，第一步非常關鍵，盡量制定的標準低一點，這樣才能更容易完成。第一步一旦順利完成了，接下來就容易跟著步伐走下去了。

二、保持不斷地正向激勵

在教育孩子的時候要多鼓勵，如果有小孩把垃圾丟到了垃圾桶裡面，此時父母如果表揚說：「孩子你真棒。」那麼孩

第三章 合理安排時間，讓堅持變得容易

子下一次肯定會再一次把垃圾扔到垃圾桶裡面。這就是激勵的作用。

激勵別人能夠讓別人把一件事情堅持做下去，那麼激勵自己當然也能鼓勵自己把一件事情做下去。

三、找到自己的團體

一個人的力量是有限的，有時候自己沒有辦法做到的事情，在別人的幫助下就能順利地完成。交流是人們進步的一個重要途徑，在執行一個合適的計畫過程中，難免會遇到一些困難導致堅持不下去的情況。在這種情況下，就可以找到自己的團體，跟別人進行探討，讓別人幫助你，不但能夠在執行的時候監督你，而且在心理上也是最大的鼓勵，幫助你很快從迷茫中走出來。

現在交流變得越來越方便，你可以在網路上找一個群組、社團或者是論壇，這樣就找到了一群有共同目標的人。

總之，想要做成功一件事情，制定一個合適的計畫，並且按時執行下去，都是可以實現自己的最終目標的。

專門留時間做這件事

堅持做一件事情的過程中，往往還會有很多事情需要去做，這就會干擾到做這件事情，這也是為什麼好多人本來堅持做的事情，漸漸地不知怎麼就選擇放棄了。因此，如果想要堅持做一件事情，就需要為這件事情專門留時間。

在堅持做一件事情的過程當中，如果不專門留時間做這件事情，而是有時間就去做，沒有時間就不做。這樣導致的後果就是效率低下，雖然看似一直在堅持，卻看不到理想的效果。比如：你想要練一手好字，而自己又比較忙。於是，想起來就練習一下，想不起來就算了。結果可想而知，肯定不可能練好。

這樣不僅浪費時間，還讓自己變得非常不耐煩，逐漸對做的這件事情失去耐心，從而不再去做。

專門留時間做一件事情，能夠提醒做這件事情，防止因為遺忘而導致不去做。一次不做後，就會發生第二次，漸漸地就會因為遺忘而導致堅持不下去。因此，需要設定一個專門的時間去做一件事情。

李文華從事文字創作工作，長時間的工作，讓他感覺自己的知識不夠用了。於是，他決定每天下班回到家以後，讀

第三章 合理安排時間，讓堅持變得容易

兩三篇優秀的文章，這樣能夠為自己大腦充充電。

堅持了一個星期以後，有一天他忘記了這件事情，就沒有去做。緊接著工作比較忙，回到家裡以後，他非常累，就沒有再去完成閱讀這件事情。工作上的事情忙完以後，他才發現自己已經很長時間沒有閱讀了。於是他決定每晚十點必須讀兩三篇文章，就這樣每到晚上十點，就拿起手機開始閱讀。

久而久之，每到晚上十點，他就準時拿起手機看文章。

每個人都是有惰性的，堅持做一件事情的時候，往往因為惰性最終選擇了安逸，從而放棄堅持下去。專門留時間做一件事情不但能夠提醒我們要去堅持做，還能提升做這件事情的效率。

孫小雪已經工作有一段時間了，逐漸褪去大學的稚嫩變得成熟。她漸漸地發現，周圍的女同事每天都帶著得體的妝容，而自己基本上都是素顏。這樣看起來並不禮貌，當她發現了這一點後，決定利用空閒的時間學習一些化妝技巧。

在接下來的一段時間內，每當有時間她就上網查一些關於化妝的知識。不管是幾分鐘，還是十幾分鐘的時間。可是她發現效果並不是很好，好多看過的知識都沒有記住。因此，她決定花一些特定的時間去系統性地學習。她就計劃在週六晚上從七點到十一點的這段時間學習，這樣不僅可以學習，還可以自己動手實踐。

很快就有了明顯的效果，有一天吃午飯的時間，她的同事就向她請教如何化妝。

專門留時間做這件事

　　總之，堅持把一件事情做好，需要專門留一定的時間去做這件事情。只有這樣，才能保證做一件事情所需要的時間，並且能夠利用專門的時間進行系統性的總結，提升效率。防止因為別的事情對其進行干擾，這樣也不會因為遺忘而導致半途而廢。

第三章　合理安排時間，讓堅持變得容易

留出機動時間，不要把一天安排得滿滿的

生活中，如果把一天的時間安排得非常滿，每天必須做完這件事情，接著就需要趕緊做下一件事情。這樣無休止地讓自己處於緊張之中，非常容易感到疲憊。長期如此，往往會堅持不下去的。學會為自己留出機動時間，適時地調整一下，讓自己重新開始，往往比不停地做事情效果會好很多。

「走，今天下班出去聚聚，我請客。」「不了，我還有很多事情要做，下次吧。」這是生活中經常遇到的對話，有一些人喜歡把自己的生活安排得滿滿的，但這些人中的大部分看著非常地努力和充實，得到的結果卻不是很理想。

曾經有人做過這樣的實驗：他拿來一些瓶子，把它們都盛滿水。然後用玻璃棒按照一定的順序敲擊它們，結果每次敲擊發出的聲音都一樣。接下來，他把每個瓶子都倒出一部分的水，但是倒出的部分都不一樣。按照一定的順序敲擊每一個瓶子，結果發出了各種不同的聲音，形成了美妙的音樂。

把時間安排得滿滿的人就像裝滿水的瓶子，在敲擊之下，只能發出一種聲音。特別是在做一件事情遇到了瓶頸，

留出機動時間，不要把一天安排得滿滿的

一時半刻得不到解決時。比如：對於作家來說，一部好的作品，往往是靈感與勤奮結合的產物，如果只是堅持寫作，當自己失去了靈感，實在寫不下去的時候，仍然堅持寫下去，這樣逼迫自己做下去，內心的不願意加上忍耐力達到極限，最終只能選擇放棄。

大學考試成績出來以後，記者採訪了一位高分同學。記者問：「你取得這樣的好成績，平時一定花了很多時間吧。」這位同學說：「花費的時間肯定比一般人多，但是絕對不是最多的。我並不會把所有的時間都花在學習上，有時間也會做我喜歡做的事情，比如：打籃球和乒乓球，放暑假了，還會出去旅遊。平時總要留一個小時思考的時間。」

留出一些機動時間，然後合理利用這些時間，往往會讓這些時間發揮出巨大的效果。比如：利用這些時間讓自己放鬆下來。正所謂「心態決定成敗」，很多時候往往不是你堅持不下去，而是因為你心態崩塌之後，在負面情緒的影響下，選擇了放棄。因此，留出機動的時間讓自己放鬆下來，保持良好的心態，比把一天安排得滿滿的要好得多。

除了利用機動時間放鬆心情外，還可以總結經驗和教訓。做一件事情往往會遇到很多挫折，如果不留一些時間讓自己思考總結，只是一味地做下去會讓同樣的錯誤和挫折再次發生，在經歷過多次失敗以後，自信心就沒有了。利用機動的時間去總結經驗和教訓，就能避免這種情況的發生，更

第三章　合理安排時間，讓堅持變得容易

有效地利用時間，達到目的。

很多人並不是不想留給自己一些機動時間，而是因為自己每天要做的事情實在是太多了，根本安排不出來時間。面對這種情況，應該怎樣留出機動時間呢？

一、提升做事的效率

很多人看起來每天一直在忙，卻因為沒有效率而沒有完成當天的計畫。導致效率不高的原因有很多，比如：一位做設計工作的員工，每天上班的第一件事情就是先看完幾天的新聞，然後再去喝一杯茶，然後再發呆一陣子，才開始工作。中午還要休息一個小時，這樣就浪費了好多時間，工作的時候感覺時間不夠用，一著急就不知道該怎麼做了，這樣效率自然無法提升。

因此，想要提升做事的效率，首先就要充分地利用時間，不要把時間花在別的事情上，專心做一件事情，這樣效率才能提升。

二、規劃好時間

有一些人，他們一天要做好多事情，但是他們卻有這樣的習慣，一般一件事情做不好，就一直做，直到做好為止。有時候，卡在一個點上，往往浪費了很多時間，依舊不能解

留出機動時間，不要把一天安排得滿滿的

決，到最後也沒有把這件事情做好，一天就過去了。

這就是不會合理規劃時間的展現，如果我們把一天的時間規劃好，什麼時間做什麼事情，即使做不好，也要做接下來安排的事情。先把遇到困難的事情放一邊，或許明天再做就會做了。這樣合理規劃好時間，就能夠留出一些機動時間。

總之，留出機動的時間，不要把一天的時間安排得滿滿的。不斷地調整自己的節奏，不至於讓自己煩躁和疲憊而堅持不下去。

第三章　合理安排時間，讓堅持變得容易

當計畫趕不上變化，怎麼辦

　　事情的發展往往不會按照一定的規律，在做一件事情的過程中，也會出現這樣、那樣的小插曲，從而打亂了計畫。這就形成了計畫趕不上變化這個問題，面對這樣的問題，應該怎麼辦才好呢？

　　孫小林和秦慧芳約好週末一起去爬山，到了週末，孫小林打電話跟秦慧芳說：「今天我男朋友要來，實在抱歉，不能陪妳去爬山了。」

　　生活中這樣的例子比比皆是，對於沒有發生的事情，我們只能進行合理的預測，而不能下定論。這也就是為什麼明明計劃好了，但是實施的時候發現不能執行。當然這並不能代表什麼事情都是不能做計劃的。

　　很多人認為在做一件事情的時候，可能並不知道會有什麼情況出現。因此，沒有必要做先行計劃。做了也只是白做，到時候情況一變化，計畫也就作廢了。還不如順其自然，到時候再根據情況及時調整，這樣效果更好。

　　這種想法其實是錯誤的，如果在做一件事情之前不做任何規劃，目光就會變得狹小。沒有遠見，事情也就堅持不下去，也不可能取得最後的成功。比如：在選擇投資股票時，

當計畫趕不上變化，怎麼辦

一些人往往沒有計畫，看到哪間企業的股票漲了，就買入。而有些人則會制定一個長期的計畫，買入一家有價值企業的股票，然後無論是漲還是跌都不出手，直到等到某個合適的價格以後再出手。

那些看到哪家企業股票漲了就買，往往會在較短的時間內賠進去，而那些制定長遠計畫的買家，則會堅持下去，最終取得勝利。

因此，在做一件事情之前，是非常有必要做規劃的。

在看到了益智節目中背誦詩詞的片段後，愛好詩詞並且有一定知識量的宋阿姨非常想參加。但看到臺上選手的實力，她覺得自己的知識庫還不夠。於是，她就制訂了一個背詩計畫。每天早上五點起床背到七點，打算每天都堅持背誦。

三個月過後，她參加了該益智節目的選拔，結果落選了。因為這幾個月的背誦效果並不好，她記住的不多。她微笑著告訴評審，自己有信心下次能通過選拔。回到家裡以後，她調整了計畫，把背詩的時間調整到晚上八點到十點。她調整後發現，在這段時間內背詩背得特別快，並且都能記住。

又三個月過去了，她又參加了節目的選拔，以第一名的成績入選了。

做一件事之前要有一個好的計畫，讓它來指引前進的方向。知道自己應該怎樣去做，目光也就變得長遠了，當然在

第三章　合理安排時間，讓堅持變得容易

做這件事情的過程中會遇到計畫趕不上變化這種情況，遇到這種情況應該怎樣去做呢？

一、給自己一個微笑，對自己有信心

遇到一些突發的情況，這是任何人都避免不了的，因此，沒必要太過在意。不要因為計劃趕不上變化，就對自己失去了信心，最後選擇放棄。

有一位乒乓球運動員，由於自己賽前沒有準備好，結果在實力遠勝於對手的情況下，被對手打敗了。面對這一突發情況，這名乒乓球運動員給了自己和對手一個微笑。然後，繼續堅持訓練，當再次面對這個對手的時候，輕鬆地戰勝了他。

當在做一件事情的時候，因為遇到突發情況而導致計畫改變的時候，不要氣餒，給自己一個微笑，調整好心態，相信自己一定能夠辦到，要對自己有信心，最後一定能做好。

二、及時調整計畫

當計畫趕不上變化的時候，許多人往往不思考怎樣去彌補，而是選擇既然環境變化了，乾脆直接放棄吧。這樣的消極態度實際上是對困難的畏懼。對困難畏懼的人，往往沒有堅定的信念，做什麼事情都容易放棄，堅持不下去。這樣的

當計畫趕不上變化，怎麼辦

人往往很難獲得成功，不能達成自己的計畫。

因此，當發生變化時，要抓緊時間，及時調整計畫，盡可能地彌補損失，並且讓計畫繼續執行下去。比如：本來你想學習日文，但是今天你去補習班的時候發現老師沒有到。此時，你可以改變計畫，到圖書館裡面找一些關於日文的書籍，然後坐下來讀。

總之，想要把一件事堅持做下去，就要制定一個計畫，做的過程中遇到了變化，可以對自己微笑，保持好的心態，相信自己能夠做到。然後及時調整計畫，盡量避免因為變化而引起的損失，這樣才能把事情堅持做下去。

第三章　合理安排時間，讓堅持變得容易

把 80%的精力集中到 20%的重要事情上

如果你明明完成了一件又一件的事情，把自己的時間安排得滿滿的，結果做了一段時間以後，自己總結起來才發現沒有一件事情是自己滿意的。這就是沒有把重要的事情與無用的事情分開所導致的。

小林是一家軟體開發公司的程式設計師，工作起來很認真。對同事也非常熱情，上班以後，總會親切地詢問同事是否需要喝水，然後幫同事裝水。同事們商量問題的時候，他往往會去湊熱鬧。一年下來，自己的程式設計功力絲毫沒有得到提升。

生活中還有很多這樣的例子，比如：為了節省時間，很多人總是喜歡一邊看電視劇，一邊做飯，結果菜燒焦了，電視劇劇情也沒有記住。看上去充分利用了時間，卻忽略了什麼事情是重要的。

把重要的事情做好，才更有價值。因此，那些成功的人與普通人的區別就在於，他們清楚什麼事情對他們是重要的，然後把 80%的精力集中到 20%的重要事情上，最終獲得了成功。

普通人通常把自己有限的精力，平均分配到自己做的每

把 80%的精力集中到 20%的重要事情上

一件事情上。他們認為這樣能夠多做一些事情，多產生一些價值。而事實是他們每一件事情都做得平平，並沒有把價值最大化，並且分散精力，還會感到身心疲憊。

所以，要想把事情做成功，就需要集中精力去做一些重要的事情。精力集中了，功夫用到了自然也就會成功了。

許琳歡在大學讀的是美術系，愛好頗多的她還自學了寫作、舞蹈並且都小有成就。大學畢業以後，她找了一家動畫製作公司，開始了工作。

工作以後，她一心專注於工作，幾乎把時間都用在了工作上，下班以後，自己會主動加班。平時公司同事邀她去聚會，她也是能推的就推。寫作和舞蹈，她都基本上不花時間。

工作一段時間以後，她被任命為動畫設計組組長。

相對於寫作、舞蹈和社交活動，自己所學的美術專業以及動畫工作對許琳歡才是更加重要的事情。如果她把時間用在寫作、舞蹈和社交活動這些相對不重要的事情上，精力就會被分散，沒有足夠的精力去工作，自然也就不會有最後的成功。

因此，對一個想要在一件事情上做出點成績的人，首先要知道什麼事情對自己是重要的，只有找出來了，才能知道自己應該向哪個方向努力。比如：別人要你做的事情；循規蹈矩的事情；簡單又重複的事情等。這些事情對於我們來說都不是重

要的事情，花費太長的時間做這些事情只會浪費時間。

那什麼樣的事情對於自己才是重要的呢？自己擅長的事情對於自己來說是重要的，自己做起來比較順手，並且有一定的天賦。只要花一定的時間就能做出一定的成就。

還有一種就是對自己有益和有幫助的事是重要的。比如：你在一家公司上班，有一天老闆突然讓你陪他去見一個重要的客戶。這件事情就是對於你有益的事情，去了能更加近距離地接觸到老闆，還有在老闆面前展現自己能力的機會。

當然即使是找到了重要的事情，也不一定會花費精力和時間去做，最終也不一定能夠成功。因為眾多不重要的事情會影響我們，這就是為什麼有些人會說：「你說的大道理我都懂，但是我就是做不到。」

所以，知道什麼是重要的事情，就要去做。只有將大多數精力都用在做重要的事情上，才能做好。怎樣才能將精力集中，去做重要的事情呢？

一、用懲罰來抵制誘惑

人們總有貪圖享樂的心理，在做一件事情的時候，一旦集中精力時間長，就會感到疲倦。此時就容易受到外界的干擾，比如：當你工作很累的時候，同事突然說：「我們來一起娛樂一下吧。」很多人就會忍不住去娛樂一下。

要想不讓自己把時間浪費在無關緊要的事情上,最好的辦法就是給自己一些懲罰,比如:運動時沒有忍住偷懶了一次,就罰自己多做一個小時。慢慢地自己就能抵抗住誘惑,把精力都用到做重要的事情上。

二、學會合理利用時間

多數人連續做一件事情超過一定的時間,都會感到厭煩並且不想做下去。這就需要你學會合理利用時間,將時間分成很多小段,比如:連續做兩個小時,給自己五分鐘的放鬆時間,然後接著去做。這樣合理的利用時間,讓自己做一件事情變得有趣,不會感覺到累,這樣就能堅持做下去了。

總之,想要做好一件事情,堅持做下去並且做成功,就需要把80%的精力集中到20%重要的事情之上。

第三章　合理安排時間，讓堅持變得容易

管理時間的同時，學會管理自己的能量

　　很多人都會管理自己的時間，制定一個完整的時間計畫，什麼時間做什麼事情，在規劃表上寫得清清楚楚。執行起來卻並不是那麼理想，總是因為自己沒有精力，把其中的一些事情並沒有做好。因此，在管理時間的同時，也要學會管理自己的精力。

　　《把時間當作朋友》一書中說：「每個人每天都是二十四小時的固定時長，決定產出的，不是某個時間段做了什麼，而是做成了什麼。」公司在進行一場技術交流大會，公司的技術人員在分享著自己的經驗。剛開始的時候臺下的人都聽得津津有味的，可是過了一個多小時以後，大多數人都表現出昏昏欲睡的樣子。那麼，最終的交流大會效果肯定不會很好。

　　如果我們只會管理時間，知道什麼時間做什麼事情，按照自己的計畫，把事情一件一件完成。這樣看似充分地利用了時間，沒有讓自己閒下來，實際上浪費了時間，沒有在規定的時間內完成任務，還要再次花費時間去做，這樣就得不償失了。

管理時間的同時，學會管理自己的能量

因此，管理時間的同時，也要會管理自己的精力。精力如跟我們的其他能力一樣，堅持去用，漸漸地就會變得越來越旺盛。

想要管理好精力，要從以下方面進行：

一、增強體能精力

「身體是革命的本錢」，沒有一個健康的身體，就沒有辦法集中精力，更不要說堅持做一件事情了。

孫立東是一名游泳運動員，透過自己的努力，取得了不錯的成績，今年很有希望能成為國家隊。但由於平時訓練刻苦，他並沒有注意自己的身體狀況，常常因為太累想多睡一會，不吃早飯。有時，為了比別人多訓練一會，就會忘記吃飯，這樣不規律的生活，讓他患上了嚴重的胃病。

漸漸地，他開始發現即使自己想要去刻苦訓練，自己也堅持不下去，最終，由於身體原因，選擇了退役。

有時候我們原本有毅力做好一件事情，可是因為沒有良好的身體，而導致沒有精力去做這件事情。所以，訓練好體能，對增加我們的精力有重要意義。

體能訓練可以透過體育鍛鍊來實現，每天安排一定的時間跑步或者跳繩等。另外，還可以透過合理的飲食、充足的睡眠、良好的工作週期來實現。

二、提升情感精力

情感包括我們的各種情緒，生活中，每個人都會經歷不同的事情，情緒也會被影響。不好的情緒往往會使我們的心情變壞，進而消耗我們的精力。當精力被消耗得差不多時，自然也就不會再有精力去做其他的事情了。

所以，要想讓精力不被負面情緒所影響，就要學會提升情感精力。提升情感精力的方法有：

(1) 獲得正面情緒。負面情緒會消耗我們的精力，獲得正面情緒能保持精力。正面情緒的獲得可以透過多和家人、朋友接觸，得到他們的鼓勵、表揚和讚美，這樣就可以保持精力。

(2) 維持良好的人際關係。生活中我們時刻都要與別人打交道，在這過程中，往往會出現許多負面情緒。要避免這種情況就要多傾聽別人，少發表自己的見解，多體諒別人，少責怪別人等。維持良好的人際關係，往來的過程中就不會再出現負面情緒。

(3) 學會接納正面情緒和負面情緒。生活中避免不了要有負面情緒，遇到負面情緒時，不要排斥和抗拒，甚至是反抗，這都會消耗我們的精力。所以我們的心要強大，既要接受正面情緒，同時也要接受負面情緒。

三、提升思維精力

思維的敏捷與否,影響工作效率,同時也影響情緒。如果我們在做一件事情的時候,思維不敏捷,或者沒有思維精力,不願意去思考,那麼做一件事情的時間將會變得非常長,甚至是不會成功,這樣就會嚴重打擊自信心,從而產生負面情緒。

因此,提升思維精力對管理自己的精力方面非常重要。提升思維精力可以用專注做一件事來提升,思考一件事情,從多方位、多角度去深入思考。這樣就會訓練自己的思維,不斷地提升思維能力,進而擴大自己的思維精力。

總之,管理時間的同時,要學會管理自己的精力。只有將時間和精力完美地結合在一起,在一定的時間內,有足夠的精力去完成一件事情,才能有所收穫。

有些事情不需要放到同一時間裡去做

誰不知道長期堅持做一件事的好處？關鍵是每天披星戴月地去上班，下班後還有各種家事等著處理，哪裡有時間去做自己想做的？

我們總是期望在同一時間去做一件事，比如，留出一個下午去閱讀，留出一天時間去學習。但對於每天奔波在公司與家之間的我們，這已經不太現實。但我們完全可以把平時忽略的零碎時間利用起來，比如，等車的時間，點餐後等待的時間，排隊等候的時間⋯⋯每天這些零零碎碎地加起來，就有很多時間。正如魯迅所說：「時間就像海綿裡的水一樣，只要願意擠，總還是有的。」

美國近代著名詩人、小說家和鋼琴家艾利斯頓是個非常善用零散時間的人。起初，他在哥倫比亞大學教書，工作之餘，他萌生了創作的想法。可是由於工作非常繁忙，他根本沒時間坐下來進行寫作。

這樣的生活持續了兩年，艾利斯頓突然想起他的鋼琴啟蒙恩師愛德華對他說過的話：「你練鋼琴時不要一次持續一個小時，因為你長大後不可能每天都有那麼長的空閒時間。你應該養成這樣的習慣：一旦有空閒時間，就去練習鋼琴，比如上學前、午餐後或放學後。充分利用零碎的時間，鋼琴就

有些事情不需要放到同一時間裡去做

會成為你生活中不可或缺的一部分。」

艾利斯頓決定把這個方法運用到自己的生活中,只要有五分鐘左右的時間,他就會立刻坐下來進行寫作。透過這種方法,艾利斯頓在擔任教師的同時創作了很多長篇小說。

我們之所以覺得時間不夠用,多半是因為忽略了這些短暫的時間,以至於每天把不少的零碎時間白白地浪費了。事實上,時間對任何人來說都不是完整的,而是由許多小塊組成的,這些小塊其實就是我們的閒暇和零碎時間。

如果你把一天的時間分成整塊的,那麼你會感覺自己永遠都沒有時間去做自己想做的事情。比如你這個週末要和好友去逛街,當然沒有時間看書了,你把一天的時間都分給了逛街。而另外一些人卻不會覺得沒有時間,他會在等朋友來的幾分鐘時間裡看書,也會在刷牙的三分鐘裡聽英文……總之,想做的事都是在一天中零碎的時間裡完成的。

1914年的一天,有一位朋友來看望愛因斯坦(Albert Einstein)。這天,正好下著小雨,在前往愛因斯坦家的路上,朋友看到一個人影在橋上慢慢踱步。這個人來回走著,時而低頭沉思,時而掏出筆在一個小本子上寫著什麼東西。朋友走近一看,原來是愛因斯坦。

「原來是您呀,您在這裡做什麼呢?」朋友高興地問道。

「哦,我在等一個學生,他說考完試就來。但是,他遲遲沒來,一定是考試把他難住了。」愛因斯坦說。

第三章　合理安排時間，讓堅持變得容易

「這不是浪費你的時間嗎？」朋友忿忿不平地說道。

「哦，不，我正在想一個問題。事實上，我已經想出了解決問題的辦法。」說著，愛因斯坦就把小本子放進了口袋裡。

在我們了解了零碎時間的寶貴後，就要充分利用它，下面是利用零碎時間所需的一些技巧：

1. 嵌入式。即在空白的零碎時間裡加入充實的內容。

人們由某種活動轉為另一種活動時，中間會留下一小段空白時間，如到某地出差時的乘車時間，會議開始前的片刻，找人談話的等候時間等等。應該充分利用這種零碎的空餘時間，做一些有意義的工作。西元 1849 年，恩格斯從義大利坐船去英國。一路上，船上的旅客大多數在無聊地飲酒作樂、消磨時光，恩格斯卻一直待在甲板上，不時地往本子上記錄太陽的位置、風向及海潮漲落的情況。原來，他利用乘船時間研究航海學。

2. 並列式。即在同一時間裡做兩件事。例如在做飯、散步或上下班的路上，都可以適當地一心兩用。不少人在下廚房做飯時，仍能考慮工作問題，有的還準備好紙筆，一邊幹活，一邊構思，對工作有什麼新想法，就馬上記錄下來。

3. 累積式。即化零為整，把多個短時間累積成長時間。一位歷史學家曾經說道：「總想找個比較長的完整時間寫東西，可是總等不來，可以利用的時間也就輕易地流逝了，可

是如今一有時間就寫，化零為整，妥善地利用許多零碎時間，不就是一個大整數？這筆帳過去不會算，現在想想，真是蠢得可以。」

另外，善於運用零碎時間還要做到隨身「三帶」：筆、本、書（或報）。這樣一可以見縫插針地學習，二可以隨時把一些新的想法記下來，三可以記錄一下自己零碎時間的利用情況。據統計，能自覺地運用零碎時間的人只占3%到5%。你若能成為這3%到5%中的一分子，那麼，你的事業離成功也就不遠了。

不想辦法利用自己的零碎時間，認為這些時間不足以完成一些事情，放任機會的流失，這對一個人的損失是巨大的。

總之，每個人無論是生活上還是工作上都有很多零碎時間，我們要學會發現它們，並能合理地加以利用。充分利用零碎時間，做一件事情才會有效率，還能花更多的時間在其他的事情上，這便增加了成功的機率。

第三章　合理安排時間，讓堅持變得容易

> 提升你的時間顆粒度，
> 增強你對時間的掌控力

兩個女藝人在綜藝節目中，以體驗者的角色到另一名女藝人家探訪。

當她們看到她的作息時間表以後，徹底被驚呆了。在她的時間表上，非常清楚地記載著每個時間點要做的事情，並且一件事情要用多長時間完成，也標註有確定的時間。「七點半起床、三分鐘盥洗、五分鐘化妝。」

「時間顆粒感」，指一個人安排時間的基本單位。比如，我們完成一個學習任務，寫一篇文章，準備一份早餐，拿一個包裹，去市場買菜做飯，每天閱讀半小時的書，每天運動半小時等，這些事情完成效率的高低，所用時間長短，都取決於我們自己，一般來說，我們都清楚記得這些事情完成的時間。

從這些事情中我們就可以看出，對於時間來說，在使用的時候都是會進行分割的，把它們分為大小不一的顆粒，一般情況下，大事用大顆粒，小事用小顆粒，對於這些我們內心都有一個度。

但是，我們中大部分人都不會刻意地打磨自己的時間顆

提升你的時間顆粒度，增強你對時間的掌控力

粒度。都是隨著自己的性子，一件事情該做多久就做多久。甚至是在做的過程中，還會故意為自己安排一些休息時間，讓完成一件事情的時間變得比平時長一些。這就是普通人跟成功人士最大的區別。

2002年，當時的全球首富比爾蓋茲（Bill Gates）到中國進行訪問。他在北京香格里拉參加一些重要會面。微軟的中國同事當時都在場，他們刻意打量了一下比爾蓋茲從電梯口到會議室門口多少步，用了多長時間。中國微軟當時的高層就在場，他看到比爾蓋茲進入每一個房間握手、簽字、拍照和離開，所花的時間幾乎都是分毫不差的。

這就是成功人士對時間顆粒的理解，他們往往能把時間顆粒使用得非常精確，並且每個時間顆粒都比普通人的短。所以，他們一天的時間顆粒比普通人更多，當然他們就會有更多的時間去做事情。漸漸地他們就與一般人拉開了差距，最終他們逐漸脫離了平庸，成為有大成就的人。

如果我們想要提升我們的顆粒度，相比於以前的自己，有更多的時間去做一件事情，因為投入的時間越多，獲得成功的機會也就越大。當我們在做一件事情上，不斷地看到成就的時候，我們也會更加有信心把這件事情做下去。

這就需要我們首先找到時間顆粒，以一天為例，我們先要列出一天當中要做的事情，比如運動、開會、寫作、游泳等，然後和平時一樣，花時間去做這件事情。最後，詳細記

錄做每一件事情所用的時間，就是我們的時間粒度。

我們找到時間顆粒度以後，就要逐步地提升自己的顆粒度。有一個計程車司機，他用時間顆粒度來管理自己的出車行為。他根據實際情況，算出了自己每小時的成本。因此，當他出車的時候，就會運用一些方法，讓自己獲得更大的收益。當他接到一個乘客以後，他會選擇節省時間的路線，絕對不繞路。這樣不僅可以節省很多時間，油費也省下了。他就能利用節省出來的時間去拉更多的客人。

計程車司機透過這種方式，讓自己的利益最大化，很快他就成了計程車界的佼佼者。一個人把時間分割得越細，時間就會變得更值錢，做出來的成就也就會越大。隨著成就越來越大，時間顆粒度也會變得越來越細。這兩者之間有一種正循環的關係。

因此，提升時間的顆粒度，可以把時間分割得非常細，當我們能夠充分利用每一分鐘，我們的時間顆粒度也就會變得非常大。

將我們的時間顆粒度不斷地提升，對時間的管理就會變得更加細緻合理。在做一件事情的時候，就會減少很多焦躁情緒，並且能用更多的時間去做，不會感慨沒有時間去做而選擇放棄，自然就會堅持把一件事情做好。

保持緊迫感，引爆自身的高效能

過於放鬆，做什麼事情都不慌不忙，甚至是能拖就拖，這樣做事情是沒有高效率的。我們應該給自己壓力，讓自己保持緊迫感，這樣對提升效率非常有用。但人的承受能力是有限的，過大的壓力，往往會把一個人壓垮。

保持適度的緊張感，能讓身體機能充分地活躍起來，大腦興奮度顯著提升，注意力也變得更加集中，這樣我們在做一件事情時，就會做得又快又好。比如：在參加比賽之前，運動員如果毫無壓力的話，往往會顯得過於放鬆，反而影響了在比賽時的正常發揮。如果保持適度緊張的話，就可以讓自己活躍度提升，心跳加速，從而激發身體的潛能，更利於獲得一個好成績。適度的緊張能讓我們的身體處於防備狀態，身體的防禦能力就會提升，對抵抗侵害有一定的作用。

這就是為什麼，我們時常處於緊張的工作中時，身體非常棒。而到了我們休息的時候，不是這裡痛，就是那裡痛。

但很多人在做一件事情的時候，沒有危機意識，也沒有時間概念，總是認為「再等等吧，急也沒有用。」「別著急，不是還有時間嗎？」然後，理所當然地為自己找很多理由去放鬆，以至於拖拖拉拉，做事效率低下。

第三章　合理安排時間，讓堅持變得容易

每個人都有自己的一個舒適圈，在這個舒適圈裡，往往會感覺良好。比如：平時做一件事情用的時間是兩個小時，這樣做起來感覺不是那麼趕，這就是一個人的舒適圈。給自己適當的壓力，讓自己保持一定的緊迫感，這樣才能驅散懶惰，讓自己走出舒適圈。

曾經有一名年輕人，第一次參加馬拉松比賽，就出其不意地獲得了第一名。當他第一個衝過終點後，很多記者都追了過去，有的記者問：「是什麼原因讓你成了冠軍？」這名年輕人說：「我身後有一匹狼。」

在場的記者都向他身後望去，發現什麼都沒有。於是，滿臉驚愕地看著這個年輕人。年輕人開始給記者講故事，他說道：「三年前，我來到一座山裡面開始練習長跑，每天很早教練就把我叫醒，然後開始訓練，可是訓練了很久，我的速度仍然沒有突破。」

他坐到了地上接著說：「有一天，我仍然在訓練，忽然我聽到了狼叫，當時我並沒有在意。可是很快狼的叫聲就離我很近了，於是，我拚命地向前跑，我的速度也有了突破。後來，我才知道原來狼是教練裝的。教練對我說：『原來你不是不能突破，而是身後少了一匹狼。』」

很多時候，我們並不是做不好一件事情，而是沒有給自己足夠的壓力，沒有讓自己感受到緊迫感。如果給自己緊迫感，我們就會明白，必須要抓緊時間，並且想出更好的辦法

保持緊迫感，引爆自身的高效能

去做，才能把事情做好。這樣就激發了自己的積極性，促進自己思考，不斷提升自己的能力。

壓力和效率的關係表現出 U 型關係。當我們承受的外界壓力很小的時候，就會感覺工作非常無聊沒有意思，就沒有動力在工作上，當然工作的效率自然會很低；而當工作壓力變得越來越大的時候，所取得的績效就會顯著提升。達到一個最佳點，工作的效率就會達到最大化。之後，壓力繼續增大，效率反而會變得越來越低。隨之而來的是焦躁不安，甚至是崩潰。這就表明了，壓力要適度。

那麼，應該怎樣讓自己保持適度的緊迫感呢？

一、在規定的時間內完成任務

俗話說：「時間不等人」，錯過了時間就再也沒有機會了。只要能明白時間的重要性，就能激發人們的熱情，讓我們在規定的時間內，用盡我們的全部力量去完成。

所以，想要讓自己保持緊迫感，在做一件事情的時候，可以給自己規定一個時間，在這個時間內完成任務。在時間的緊迫感下，就能發揮出高效能，在規定的時間，甚至提前完成任務。

二、使用番茄鐘

番茄鐘是指：把要做的任務分成半個小時左右，然後集中注意力工作二十五分鐘以後，然後給自己五分鐘的休息時間。如此視為是種下一個番茄。哪怕是任務沒有完成，也要休息。然後，如此重複，等種到第 4 個「番茄」以後，可以休息十五到三十分鐘。

這樣做就能讓一個人感受到緊迫感，在第一個番茄種完以後，當發現第一個「番茄」中的任務沒有完成時。在種下一個「番茄」的時候，就要把握時間去做，爭取把上一個「番茄」中的任務一起完成。

這樣看似有工作，有休息的任務規劃時間段，實際上是給自己一個無形的壓力。要在固定的時間段裡完成固定的任務。如果我們每天都能這樣做的話，漸漸地就能時刻讓自己感受到緊迫感，並且堅持下去，最終肯定會取得很大的成就。

第四章
如刷牙般輕鬆，讓堅持成為習慣

第四章　如刷牙般輕鬆，讓堅持成為習慣

所謂優秀，就是堅持好習慣

　　一個好習慣對我們有很大的幫助，並且往往能影響一個人的一生，幫助一個人走向成功。對一個人來說，想要從眾人中脫穎而出，成為一個優秀者，不但要有一個好習慣，還要堅持好習慣。

　　很久以前，環球時報對一位主持人進行一個採訪，在採訪中有一個記者問：「聽說你經常閱讀。」他回答說：平時我基本上都堅持在睡覺前進行至少一小時的閱讀，有很多人問我，成功以後還繼續堅持嗎？其實無所謂堅持不堅持，這已經成為我的一個習慣。

　　有人說，優秀的人來自於優秀的習慣。可見好習慣對一個人的成功是多麼重要。很多名人之所以讓我們感動，是因為他們能把好習慣堅持做下去，而我們卻不能。

　　一名表現不特別突出的體操運動員，雖然平庸，但他有一個好習慣，就是每天堅持訓練十個小時。每次訓練的時候，都為自己規定一個比較難的動作作為目標，並且告訴自己不做成功就不去吃飯。就這樣多年的堅持，最終取得了收穫。在奧運上奪得金牌。

　　對柴契爾夫人（Margaret Thatcher）影響最大的就是她的

父親,當柴契爾夫人很小的時候。她的父親就開對她灌輸這樣的觀點:任何事情都要爭第一,妳永遠要走在別人的前面,不要落後於他人。即使是坐公車,也要坐在前面的座位。

後來這一思維習慣,始終在柴契爾夫人的腦海中,並且做什麼事情都按照這樣的邏輯來做。最終,她成為英國歷史上一個偉大的人物。

這些成功的人,都擁有一個好習慣,正是因為有一個好習慣,他們有了自己追求的標準,以及做事的準則。有了較高的標準以後,會鼓勵他們去向自己發起挑戰,儘管其中有很多挫折,但是因為漸漸地形成了習慣,也就有了克服的原始動力。最終才能有堅強的信心,支撐自己獲得最後的成功。

當然好習慣能夠影響人的一生,比如:1987年1月,75位諾貝爾獎得主的一次集會中,一個人問其中的一位諾貝爾獲獎者:「你在哪一所大學的哪一所研究室內,學到的東西最多呢?」出乎所有人的預料,他說:「我在幼兒園裡。」很多人發出疑問,這位學者說道:「把自己的東西分一半給小朋友;不是自己的東西不要拿;東西放整齊;吃飯前要洗手;做錯事要表示歉意;午飯後要休息;要仔細觀察大自然,從根本上說,我學到的全部就是這些。」

可見,好習慣不僅能讓我們獲得成功,還能影響我們的一生。

第四章　如刷牙般輕鬆，讓堅持成為習慣

「書是人類進步的階梯」，獲取知識的最重要途徑之一就是讀書。只有掌握好知識，才能更加靈活地運用於我們的生活中，促使我們走向成功。

被譽為「臺灣經營之神」的王永慶，他從16歲開始創業，創立了「台塑集團」。集團在他的手裡經營了70年。但是他非常的節儉，平時最喜歡吃的就是滷肉飯。中年以後，他就開始跑步，每天規定自己要跑一個小時的步，無論是颱風還是下雨，從未中斷過。

王永慶說過：「跑步很辛苦，也很枯燥，但是為了身體健康，就必須持之以恆地跑下去，久而久之，像是日常工作之一，就不覺得辛苦了。」

運動不僅能帶給我們健康的身體，同時也能讓我們放鬆身心，還能讓我們學會吃苦耐勞。

所以真正優秀的人都有多個好習慣，這樣才促成了他們的成功，那什麼是真正優秀的人應該有的好習慣呢？

愛學習。我們應該從書本上、網路媒體上學，從別人身上學，學理論、學經驗，擷取精華，豐富自己，提升自己。我們不要把大量的時間浪費在沒有意義的事情上，要利用一切時間去學習。

愛思考。善於獨立思考，綜合分析，看待問題有獨到的見解，不人云亦云。

愛運動。運動不僅能增強體能，強健體魄，還能使大腦

得到訓練，讓人始終保持旺盛的精力與清晰的頭腦，為自己的工作與生活注入活力。

愛獨處。獨處使人內心寧靜，不至於浮躁，在獨處時思考，在獨處時做更有意義的事情。

真正優秀的人很容易獲得別人的認可，茫茫人海中，我們可能一眼就能分辨出他和其他人的不同，因為你會發現他的行為顯得和別人格格不入，卻有條不紊地進行著。所以，好習慣是成為優秀人才的充要條件。「勿以善小而不為，勿以惡小而為之」，從小事做起，把每一件平凡的事情都做好就是不平凡。

第四章　如刷牙般輕鬆，讓堅持成為習慣

培養習慣的過程我們會很痛苦，到底是為什麼

　　養成好習慣，無論是在工作中，還是在學習中，都會給我們帶來很大的幫助。培養一個習慣往往並不是那麼輕鬆，在培養的過程中，往往會遇到很多麻煩，讓我們感到痛苦，只有真正有毅力的人才能堅持下來。

　　研究顯示，培養一個習慣的過程類似於發射火箭。在火箭升空加速的階段，往往會浪費很多能量，而當火箭衝出大氣層以後，消耗的能量就會大大降低。這跟養成習慣類似，在養成習慣的初期，往往非常艱難，必須要使出全身的力量去克服。

　　養成一個習慣的過程，往往需要經過三個階段，它們分別是：前期的反抗階段、中期的不穩定階段和後期的抵抗階段。在這三個階段內是比較容易產生痛苦並且容易放棄的，只要經過了這三個階段，就能養成一個習慣。

　　在前期的反抗階段，也就是養成習慣的前期，由於要適應新的習慣，往往要違背以前的習慣。在這個過程中「習慣性引力」就會發揮作用，讓人不願意走出以前的舒適圈，導致這個結果就是因為懶惰。

培養習慣的過程我們會很痛苦，到底是為什麼

孫凱斌是一家公司的員工，平時上班總是遲到，因為這件事，主管多次責備他。過了一段時間，公司的一位員工離職了。這位離職的員工一直負責早上開公司的大門，鑰匙留下後，暫時由公司的另外一名員工保管，一次會議上，主管問哪一位員工想要承擔早上開門的責任。

孫凱斌想：平時自己總是遲到，這次，要是自己拿著鑰匙的話，就能提早來到公司了。於是，他主動要求拿鑰匙。第二天，他來得很早。第三天，他依舊來得很早。到了第十天，他又遲到了。他告訴主管，自己堅持不下去了，就把鑰匙交給了主管。

以後，他上班依舊遲到。

在養成一個習慣的前期，也就是剛開始的時候，往往自己心裡想要達到一個目標，因此，熱情和興奮就會充斥著自己的內心，迫切地想要做一件事情。就像孫凱斌一樣，他想要讓自己擺脫遲到這個壞習慣，正好碰到了拿鑰匙開門這個事情。他迫切地希望透過早上開門這件事情，來讓自己養成早起的習慣。

所以，剛開始的時候熱情滿滿，隨著時間過去，熱情逐漸消失，以前懶惰的行為就會重新出現，最終選擇放棄養成一個好習慣的機會。

培養習慣的前期反抗階段過去以後，就會進入到中期不穩定階段。這個階段之所以不穩定，是因為容易受到外界的

第四章 如刷牙般輕鬆，讓堅持成為習慣

影響，因此表現出不穩定。而外界影響的重要原因就是別人的看法。

在社會中，人與人之間要接觸，在接觸的過程中，往往希望與別人一樣或者讓別人認可自己。所以，當培養一個習慣，你可能會被認為跟別人不一樣，可能會有人對你指手畫腳、說三道四，你就會堅持不下去。比如：在公司，同事們中午吃過飯以後，都在一起玩手機遊戲，而你卻想養成看書的好習慣。因此，只有你一個人看書。同事們就會對你有看法，在私下裡議論，你這不是誠心要跟他們作對嗎，上司來了看到只有你在學習，而他們都在玩，會有什麼想法。

私下裡的議論，以及對你的差別對待，都會讓你陷入不合群的痛苦之中。

進入後期抵抗階段，此時，基本上習慣已經養成，按照這個習慣已經做了很長一段時間。但是對習慣來說，有很多時候往往不會立刻看出效果，需要長時間的累積才能看到效果。

比如：你想要把英文口說練好，就需要長期堅持讀英文文章和學習。這個過程對每個人都不一樣，有人需要兩年，有人可能需要五年。如果你堅持了半年以後，覺得自己沒有什麼大的收穫，此時就會陷入迷茫的痛苦中去。是繼續堅持這個習慣，還是放棄，如果堅持到最後是否會取得成功。

培養習慣的過程我們會很痛苦，到底是為什麼

　　總之，培養一個習慣，需要經過三個過程，在這三個過程中，痛苦是時時刻刻存在的，這需要你擁有一個承受之心，把所有的痛苦承受下來。另外，培養習慣是需要很長時間的，要有耐心，不要急於求成，耐心堅持，才會獲得成功。不能遇到困難和痛苦就放棄，這樣就不能養成一個好習慣。

第四章　如刷牙般輕鬆，讓堅持成為習慣

一件事堅持多久才會成為習慣

關於堅持多久才能夠養成一個好習慣，最著名的就是二十一天養成一個習慣。這種說法是根據 1960 年，一名外科醫生透過自己的觀察和研究，他發現對一些截肢者，他們往往需要二十一天的時間，來適應失去手臂的生活。因此，他認為人平均需要二十一天時間來適應人生中的重大變故。

二十一天養成一個好習慣包括三個階段：

第一階段：一到七天。此階段的特徵是「刻意，不自然」。你需要刻意提醒自己改變，而你也會覺得有些不自然，不舒服。

第二階段：七到二十一天。不要放棄第一階段的努力，繼續重複，跨入第二階段。此階段的特徵是：「刻意，自然」。你已經覺得比較自然，比較舒服了，但是一不留意，你還會恢復到從前的生活跟想法。因此，你還需要刻意提醒自己改變。

第三階段：二十一天到九十天。此階段的特徵是「不經意，自然」，其實這就是習慣。這一階段被稱為「習慣性的穩定期」。一旦跨入此階段，一個人已經完成了自我改造，這項習慣就已經成為他生命中的一個必要組成，它會自然而然地不停地為人們「效勞」。

一件事堅持多久才會成為習慣

二十一天遠遠不夠養成一個好習慣，倫敦的相關研究學者曾經做了這樣的一組實驗：

他們讓96名參與者每天重複一項與健康相關的運動，比如100個仰臥起坐、80個伏地挺身、30分鐘的跑步，堅持了二十一天的四倍——八十四天，按二十一天養成一個習慣的說法，他們早已達到了自動化，但真相呢？真相是大部分人在第六十六天的時候養成了這些習慣，而少部分人到了第八十四天還沒成功，第八十五天的時候依然沒有想去做這些運動的欲望。研究人員說，他們可能需要在第二百五十四天才能達到自動化。

二十一天養成一個好習慣，實驗證明這是讓人失望的。可是，很多人卻覺得非常有道理。這是因為我們認為二十一天可以養成一個好習慣，會對自己心理進行一些積極的暗示，並且為自己提供動力。儘管養成好習慣並不容易實現，但卻非常願意去做，並且願意堅持。比如：很多人因為一時的放縱，喝了一次酒就上癮了。而戒酒需要很長時間。所以說人的主觀因素會讓人做出一些抉擇。總之，好習慣難以養成，壞習慣則非常容易養成，因此，養成一個好習慣需要堅持。

堅持做一件事情，多久能養成習慣，其實並沒有一定的定論。養成一個習慣要不斷地重複堅持做一件事情，以二十一天為一個基礎，然後不斷地堅持，透過長時間地堅持，就會養成一個習慣，讓我們的生活和學習更上一層樓。

第四章 如刷牙般輕鬆,讓堅持成為習慣

量力而行,鎖定一個習慣進行培養

一個習慣的養成需要花費很長時間,而且需要耗費大量的精力。每個人的精力都是有限的,不同的人精力也是有大小之分的。因此,在培養習慣時,每個人要根據自己的能力,量力而行。

「我要每天早上跑步十五分鐘;要每天學做一道菜;要每天都寫日記。」我們都想成為一個更好的人,而如果想要成為一個更好的人,就要讓自己更優秀,把自己的壞習慣變成好習慣。所以,很多人都為自己制定很多習慣,想要同時進行,想著要是能充分利用時間,在一定時間內把所有的好習慣都養成,那麼自己將成為一個更好的人。

可是,往往這些人把自己變得非常忙,做這件事情,做那件事情。時間花費了,可是每一個習慣都沒有做好。

這就是為什麼說,培養習慣的時候要根據自己的能力,能力不強的人,培養習慣要一個一個來,不要貪心,貪心反而什麼都做不好。這是因為一個人的精力是有限的,你的精力在一段時間內,只能培養一個習慣。而你偏偏又制定了很多個習慣目標,精力就得分給其他幾個習慣。這樣就把每個習慣養成的時間不斷向後後推遲,當你在一定的時間內,看

量力而行，鎖定一個習慣進行培養

不到希望的時候，就會放棄。

曾經有這樣一個報導，一對非常優秀的夫婦。丈夫是一家上市公司的總經理，妻子是一所知名大學音樂系的教授。就是這樣一個優秀的家庭，他們的孩子卻天生就智力低下。

孩子10歲的時候，只有2到3歲孩童的智力。父母並沒有放棄對這個孩子的教育，雖然沒有讓這個孩子上學，在妻子還是每天都在家裡教這個孩子。但是，經過近十年的教育，沒有太大的效果。於是，妻子做了一個決定，讓孩子每天只學習鋼琴。

就這樣這個孩子每天都在做同一件事情，剛開始的時候，基本上什麼都不會，漸漸地開始會自主亂彈了。後來，隨著時間的推移，這個孩子竟然能看懂琴譜了，彈奏技巧也掌握了不少。

經過近二十年的努力，這個孩子成了一位了不起的鋼琴師，智力也與同年齡的人無異。

很多時候，如果我們往往做不好一件事情，養成不了一個好習慣，是因為我們沒有專注，沒有將精力集中。就如同那個剛生下來就患有智能障礙的孩子，他本來就能力有限，父母想讓他什麼都做。結果，沒有產生任何作用，什麼都學不好，智力也沒有提升。

當父母發現這個問題的時候，及時調整，讓他只學習鋼琴。把所有的精力都放在鋼琴上，結果反倒能夠做好了，經

第四章　如刷牙般輕鬆，讓堅持成為習慣

過長時間的努力，他最終才能成功。

對那些能力很強，做什麼事情在很短時間都能做好的人來說，是否可以在一段時間內同時養成多個好習慣呢？

在一次訪談節目中，來賓是一位知名的企業家，主持人問：「很多人都很羨慕你，因為你不但擁有成功事業，身材也非常好，而且文采也很好。聽說你之所以能這樣是因為平時有愛好運動和讀書的好習慣，那麼請問在創業的過程中，是如何在忙碌的生活中養成好習慣的呢？」

這位企業家說：「這些習慣對於我來說，根本是不可能同時養成的。愛運動這個習慣是我在沒有創業的時候養成的，當我創業的時候，我養成了愛讀書這個習慣。」

能力強的人，往往也非常聰明，他們明白只有集中注意力和精力，去做一件事情，才能把一件事情做好、做專業。因此，他們往往在一定的時間段內，不會去專注做很多事情，養成很多習慣，反而是發揮自己的優勢，充分利用時間和精力去做一件事情，養成一個習慣。

比如：在每個人的學習時期，那些成績非常優秀的人，能力特別強，而且只把自己的能力花費在學習上。由此養成良好的學習習慣，讓他們的學習成績越來越好，並最終成就了自我。

總之，無論是對那些能力很強的人，還是能力較弱的

量力而行，鎖定一個習慣進行培養

人，在培養習慣的時候，不要貪心，分散自己的精力。在一定的時間段內，每次只制定一個習慣，集中力量把這個習慣培養好。然後，再接著培養下一個習慣，這樣好習慣才會越來越多，並且都能夠做好。

第四章　如刷牙般輕鬆，讓堅持成為習慣

公開承諾，藉助外力監督自己

在養成一個習慣的過程中，有兩種力量發揮了重要作用，其中一種力量是來自自身的內在驅動力，另外一種就是外力的監督。在這兩種力量的相互作用下，才能讓習慣達到最好的效果。而對於很多人來說，往往忽略了外力監督。

很多人在小時候都會遇到這樣的場景，老師問同學們：「有誰可以告訴大家自己的夢想呢？」此時，有很多同學都不願意上臺。為什麼同學們都不願意公開自己的夢想呢？其中最重要的原因就是害怕受到大家的監督，覺得自己說出來了，如果自己做不到，就會被大家嘲笑。更害怕在大家的監督下，自己會有心理負擔，做什麼事情都不能隨便做。

說白了這些同學還是不想讓自己有壓力，都想讓自己活得更加輕鬆，不到逼不得已，很多人都不願意逼自己一把，讓自己主動承受壓力。

最終，很多人在堅持做一件事情時都會選擇默默無聞，這樣即使自己做不好，沒辦法養成一個習慣，放棄了也不會有人知道，從而逃脫了尷尬和指責。殊不知，這樣做弊大於利。雖然不把自己要培養的習慣公開，能夠避免萬一做不到而變得尷尬，也不會遭到別人的嘲笑，但是，同樣自己就會

公開承諾，藉助外力監督自己

放鬆，不給自己壓力，這樣反而做不好事情。

適當地給自己壓力，公開承諾，讓大家監督自己做一件事情，反而能夠為自己帶來動力，促使自己養成一個習慣。

林薇家裡最近發生了一件事，導致她一個月之內，上班遲到了很多次。在公司這個月的例行會議上，上司公開點出了林薇遲到一事。林薇雖然有很多委屈，但是事實就是這樣不容置疑。

當會議宣布結束的時候，林薇起立告訴大家，她要做到每次都是第一個來到公司，請大家監督自己。

第二天，她早早地來到了公司，發現有三個同事比自己來得早。同事看到她以後，對她說：「昨天還在會議上誇下海口，結果第一天都沒有做到。」經受了這次嘲諷後，第二天，她來得更早了，結果還是有一個同事來得比她早。這次那個同事沒有嘲諷她，但她還是感到不自在。

又過了幾天，她更加提早自己到公司的時間，終於她成了第一個到公司的人，並且從此以後，每天第一個來到公司的人都是她。

壓力就是動力，沒有壓力怎麼會有動力。沒有動力，也就容易放棄自己堅持的習慣。不要因為害怕別人帶給自己壓力，而害怕公開自己要達成的習慣。要鼓起勇氣，在公共場合公開自己所要達成的習慣，讓周圍的人監督你，給你壓力。

第四章　如刷牙般輕鬆，讓堅持成為習慣

　　這種壓力往往能激發你的自我驅動力，如果決定做一件事情時，只是對自己說說，知道的只有自己，那麼當在行動時，往往只有自己在驅動給自己，在沒有外力監督的情況下，這種驅動力很容易受到干擾。比如：做了一段時間以後，沒有什麼效果。或者是做得太辛苦了，還要做別的事情。

　　在這樣的干擾下內在的驅動力就會減弱，直到消失。而外在的監督力，可以讓我們保持時刻的緊張和壓力，認為自己如果做不到，就會遭到別人的指責和小看，自己要向別人展現自己的實力，要證明給他們看。從而激發出最大的自我驅動力，並且不會讓其消失殆盡。

　　總之，把一個習慣堅持下來，要掌握好兩種力，既要有自我的驅動力，也要有外部監督力。在內外壓力的結合下，就能養成一個好習慣。

利用短期獎勵，做到長期堅持

在不斷地堅持做一件事情並養成一個好習慣的過程中，重複會讓人感到厭煩和疲憊，甚至是看不到希望。此時，最好的解決辦法就是給自己制定一個短期的獎勵，用適當的獎勵刺激一下自己，使自己能有動力堅持下去。

遊戲對很多年輕人來說，有相當大的吸引力，很多人都控制不住自己並上癮。為什麼會這樣呢？有人的解釋是：每一種遊戲都有它的及時獎勵機制，每打死一頭怪，就能得到相應的金錢和經驗，而不會出現什麼都沒有的情況。並且會不斷疊加並且記錄在系統內，隨時都可以查詢排行榜，讓玩遊戲的人隨時都能感到自己的成就。

正是在這種及時激勵制度的影響下，很多人沉迷於遊戲。而在現實的生活中，往往不會出現短期的獎勵，而是較長期的獎勵。比如：家長為了鼓勵孩子讀書，總是告訴自己的孩子，當你考了第一名，就買禮物給你。而對於學習來說，每次考試的時間都間隔比較久，更何況是不一定能一次就考第一名。

較長期的獎勵對人們的激勵作用並不大，因為想要達成獎勵的要求，往往不太容易，而且時間也較長。在達成的過

第四章　如刷牙般輕鬆，讓堅持成為習慣

程中，人們對成功的期望就會下降，獎勵的激勵效果也會變得越來越淡，最終失去了堅持下去的毅力和熱情。

在一個習慣的長期堅持過程中，短期獎勵就顯得非常重要了。短期獎勵能讓人們在透過自己的努力下，就能得到應有的獎勵。然後就會對未來充滿希望和熱情，在這種情況下，就能不斷地給予人們激勵的作用，漸漸養成好習慣。

楊喜樂是一家出版社的圖書編輯，她剛到公司的時候，每天只能編輯2,000字。她性格非常樂觀，對自己的未來充滿了信心和期待。她開始著手提升自己的編輯字數，剛開始的時候，她把自己的目標設定為每天2,500字，達到這個目標後獎勵自己一頓大餐。

她每天開始集中注意力，提升自己的效率，沒多久就完成了目標，順利地得到了自我獎勵。接下來她並沒有把自己的目標定得很高，而是3,000字，達成目標之後，獎勵自己一次外出旅行。經過她的努力，沒多久她就完成了。她果斷地出去旅行，回來後心情非常好，接著她以一次500字的提升速度，持續堅持，不斷地激勵著自己提升。

幾年過去了，她以良好的工作態度得到了上司的認可，並升任為責任主編。

利用短期的獎勵來激勵自己堅持下去，對獎品有很多人會選擇錯誤。比如：獎品如果是必需品，那麼即使是自己沒有完成目標，也會自己買回來；還有獎品是奢侈品，自己及

利用短期獎勵，做到長期堅持

時完成了，也會考慮很久，奢侈品畢竟不是自己非要不可的，況且會花費自己存下的大量金錢。再三權衡的情況之下，往往會選擇放棄。

當然獎品不僅僅只是指物質上的獎勵，精神上的獎勵也是很多的。比如：如果自己完成了目標，就獎勵自己多看三個小時的電視劇，結果，自己熬夜看了電視劇、打兩個小時遊戲、看兩個小時電影等。最後既浪費了時間，對於接下來要做的事情也產生了影響。

這就是選擇的獎勵不對，不僅不會鼓勵自己，反而為自己帶來諸多麻煩，消耗自己的精力，對於養成一個習慣會產生消極的影響。那麼，激勵的獎品應該怎樣選擇，才是正確的，並且產生正向的影響呢？獎品的設定應該遵循以下幾個原則：

一、獎品的價格不宜過高

獎品的承擔者是自己，不能將獎品的價格設定得太高。設定得太高會讓你的負擔變得更加沉重，當你完成了設定的目標後，會為自己的獎品煩惱，心情會受到影響，對接下來繼續工作會產生負面影響。

所以價格不宜設定得過高，既不會讓自己感受到壓力，同時又能讓自己感受到獎勵的激勵，這樣的獎品才能發揮良好的激勵作用。

二、獎品與生活用品相互結合

生活用品與自己息息相關，這樣更能體現成就感。在為自己設定獎品的時候，可以設定一個生活用品，但要注意的是，要提升品質或者品牌。比如：你平時用的都是普通的國產品牌，這次的獎品可以設定為進口的。

三、精神與物質相互結合

如果把獎勵的獎品都設定成物質獎勵，而沒有精神獎勵，往往會讓人沉醉於物質的追求之中。對物質的追求，往往會喪失對生活上的追求，最終迷失自我。因此，物質獎勵和精神獎勵應該相互結合，既滿足對物質的追求，又滿足精神上的享受。

比如：可以把自己的獎品設定為看一場電影和買一支手機。這樣拿到手機時，可以真切感受到物品的美，看一場電影又能從精神上獲得享受。在物質和精神的共同刺激下，做起事情來就會更有熱情。

總之，想要長期做一件事情，並養成一個習慣，要利用短期獎勵，來激勵自己，得到不斷給自己提供動力的目的。

小小的儀式感，讓習慣養成走向主體自覺

法國童話《小王子》(*Le Petit Prince*)裡說：「儀式感就是使某一天與其他日子不同，使某一時刻與其他時刻不同。」簡單來說，儀式感就是一個人心裡的自我暗示和美好期望，是一種精神上的禮儀。

在電影中我們經常會看到這樣的場景，當一個人手持鋼刀，要和一個比自己強的對手決鬥之時，往往會自己先表演一段刀法，然後再進行決鬥。有人說：「這樣做毫無意義。」但這就是儀式感。

儀式感是對做一件事情的尊重和用心。在電影開拍之前，都會舉行開機儀式；專案開工之前，總會舉行一個奠基儀式。在舉行這些儀式的時候，往往展現出來的是對做這件事情的尊重和用心，在沒有做之前，把它當作是非常重要的事情，並且會認真對待。

儀式感能激勵人們繼續堅持下去。在做一件事情的過程中，會遇到很多挫折，在面對挫折時，一個小小的儀式，比如：做一個丟掉過去的儀式。把所有過去的失敗都忘掉，重新開始，這樣就會激勵我們更加堅定地做下去。

因此，小小的儀式感，在我們養成一個習慣的過程中是

第四章　如刷牙般輕鬆，讓堅持成為習慣

非常重要的，它讓我們始終重視去做，並且鼓勵我們不放棄，堅持下去並且激勵我們。那麼儀式感包含哪幾方面呢？

一、啟動儀式感

俗話說：「萬事開頭難」，只要有一個好的開頭，接下來的事情相對來說就容易多了。因此，一個好的啟動儀式感就很重要。想要有好的啟動儀式感，就要充分了解儀式感為的是什麼，即養成一個什麼樣的習慣。只有明白自己想要做的是什麼，才能明白自己所要達成的最終目的，在啟動儀式上許下美好的願景。

制定一個培養習慣的計畫，需要以下幾個步驟：首先，明白自己所要養成的習慣。一個好的習慣往往能讓人終身受益，而且能對人帶來正向的影響。因此，要選擇一個好習慣去培養，並且要結合自己的能力和實際情況，不能超過自己的能力範圍。

其次，要將好習慣分成不同的執行步驟並且分步執行。因為一個習慣的養成往往需要很長時間，因此，要將其分成各個階段，完成一個階段，然後再進行下一個階段，避免自己長期看不到結果，而最終放棄了。

最後就是召開一個啟動儀式，制定出明確的日期和時間，並且規定一個固定的程序。並記錄下儀式的每一個細節，將它儲存起來。

小小的儀式感，讓習慣養成走向主體自覺

二、過程儀式感

在養成一個習慣的過程中也要有儀式感，這樣才能讓自己感到變化，利用儀式感刺激自己的熱情。很多人在回憶自己做的一件事情時，他們往往不會想起其中的一些事情。當你問他的時候，他往往會說沒有什麼可講的，都是平平淡淡的事情。

要讓過程變得精彩就需要有一些儀式感。在養成一個習慣的過程中，會遇到成功，同樣也會遇到挫折，這兩種情況是同時存在的，同樣都可以有儀式感。

在成功時，舉行一個盛大的感恩儀式，總結自己成功的原因，並且讓自己學會感恩。讓自己時刻處於冷靜中，不會因為自己的驕傲而放棄堅持。

當遇到挫折的時候，舉行一個總結儀式，總結自己失敗的原因，整理出來寫在紙板上，將它掛在經常看的地方。時時提醒自己不要再犯同樣的錯，同時也激勵自己要相信自己，不要放棄。

養成習慣過程中的儀式感，能讓人記住養成習慣中的很多細節，當你再次回憶時，還會歷歷在目，感覺豐富多彩，為以後再養成別的習慣提供能量來源。

第四章 如刷牙般輕鬆，讓堅持成為習慣

三、成長儀式感

　　在養成一個習慣的過程中，透過努力和學習，會發現自己的能力有所成長，這就是量變引起的質變，當累積到足夠的程度後，就會引起個人的成長。當發現自己成長了，就要給自己一些儀式感，讓自己受到應有的獎勵。

　　如果沒有這個儀式感，自己的成長就會被忽略，不利於增加自信心，去更好、更有熱情地繼續做下去。所以，此時應該舉行一個儀式，比如：獎勵自己一次野餐。這樣的儀式，能夠激發你對渴望成長的訴求，和對未來的期待，並且相信自己一定能做到。

　　總之，小小的儀式感，能讓我們養成習慣變得更加有趣生動，並為自己提供內在動力，讓其完成從被動堅持到自覺主動地蛻變。

如何建立持續行動的機制

做一件事情最重要的就是行動,光想是沒有用的,因為容易一時衝動,在實際行動之後,沒過幾天就堅持不下去了。只有及時地行動起來,並長期堅持下去,成果才會慢慢地累積起來。

生活中很多人常常會有這樣的抱怨:「為什麼我堅持了這麼久,感覺沒什麼效果?」「我覺得堅持不下去了,不想再做了。」這些人的抱怨其實原因非常簡單,沒有建立一個持續的行動機制。

每個人的毅力都會受到各式各樣的干擾,因此,在做一件事情的時候,由於自己內部因素和外部環境的影響,會導致自己在行動上遲緩、懈怠和停滯不前。比如:剛開始減肥沒有幾天,朋友就請吃大餐,礙於面子,不想讓朋友失望,同時又被美食誘惑,導致最終放棄減肥,開始大吃大喝。

這就是行動上沒有行動機制的束縛和激勵造成的結果,這就讓本來堅持做的事情無法持續下去。而建立一個完整有效的行動機制就能有效避免這些問題。

建立一個完整有效的行動機制,能讓你感到行動起來變得順理成章。當你建立起這樣一個行動機制,把行動的每個

第四章　如刷牙般輕鬆，讓堅持成為習慣

步驟和計畫都制定得很詳細，就避免了目標過大，從而不知道應該從什麼地方入手而導致的困惑，並由此引發的浪費時間和消耗精力。

建立一個完整有效的行動機制，也能讓人們感到激勵的作用。「重賞之下，必有勇夫。」獎勵的作用是巨大的，也是有效的方式之一。適當地給予自己獎勵，就能激發出自己的潛力和鬥志，堅持下去。

一位已屆古稀之年的作家，數十年來堅持寫作，終於獲得了成功。有一次，他受邀前往一家電視臺錄節目。

主持人問：「你原來是一個農民，是什麼契機讓你寫作，還堅持了這麼多年，獲得這樣的成就呢？」作家說：「我原先並不喜歡寫作，有一次，我講故事給我小孩聽，他非常喜歡，我就想，有一天我要是能讀自己寫的故事給我小孩聽該有多好。於是我就決定開始寫作。但沒寫多久，我就寫不下去了，每天只是幻想著成功，卻不行動。」

作家喝了一口水，繼續說：「後來，我為自己制定一個行動計畫，每天寫500字，並看一個小時關於寫作的文章。如果有哪一天無法達成的話，第二天就不吃飯。終於，我的寫作功力有了明顯提升。每當有提升我都會獎勵自己，隔一段時間我還會總結自己學到的東西，並確定以後的方向應該怎麼走。就這樣一堅持就堅持了這麼多年。」

建立一個完整有效的行動機制，這樣無論我們執行到哪一步、哪一種程度，都不會停下。相反還會更加有信心和毅

如何建立持續行動的機制

力堅持做下去,那什麼樣的行動機制才是有效的,有效的行動機制應該包含哪幾方面呢?

一、計劃機制

「計劃是行動的前提」,沒有計畫,在做事情的時候,往往不知道應該從什麼地方開始,也就不會及時行動。即使開始行動也是盲目的,沒有目標在受到挫敗後,就會失望而堅持不下去。所以,完整的有效機制中應該包括計劃機制。

計劃機制通常包括計劃、執行時間、行動方案三個方面。根據自己的能力,把自己要做的事情分成一個個小計畫,要確保能在一段時間內完成。然後,制定一個合理的執行時間,不要把時間定得太長,太長時間才完成容易讓人感覺不到成就感。最後制定行動方案,開始行動。

二、獎懲機制

很多人做錯了事情沒有給予自己懲罰,選擇了包容自己,最終,錯誤依舊出現。同樣自己做成功了一件事情,並沒有給自己應有的獎勵,結果自己內心並沒有得到較大的鼓舞。而獎懲措施則會讓人時刻處於被激勵的狀態,做錯了懲罰會讓我們記住失敗的原因,激勵著我們盡快改正。當成功時,給自己獎勵就能使自己感受到成功的喜悅感。

三、總結機制

　　沒有總結就沒有提升，並且有很大的可能會迷失方向。很多人都會認為自己想要成功，按照這個方法做下去就可以了。然而事情可能並不是這樣，現在的成功並不一定是沒有問題的，可能過一段時間就不行了，或者是這個方向不對了。

　　因此，一件事情做一段時間後，我們就要停下來進行總結，這樣才能發現優點和缺點。把好習慣堅持下去，或者改變新的方向，就能更好地把做的事情堅持下去。

　　總之，做一件事情就需要行動，制定一個合理有效的行動機制，對自己的堅持有很大的幫助。

意志力就像肌肉，持續訓練才能強大

心理學中對意志力的解釋是：一個人自覺地確定一個目標，並根據目標來支配、調節自己的行動，克服各種困難，從而實現目標的特質。在克服困難的過程中，意志力會慢慢地消耗。

《增強你的意志力》(*Willpower: Rediscovering the Greatest Human Strength*)這本書的作者是心理學家羅伊·鮑邁斯特（Roy Baumeister）和《紐約時報》記者約翰·蒂爾尼（John Tierney），他們在這本書中提到：我們能學會的就是更有效地掌控我們的衝動。意志力就像肌肉一樣，當你嘗試訓練它的時候，很容易就會讓人感到疲倦，但如果你持續不懈，隨著時間推進，它就會跟身體的肌肉一樣，變得更加強健。

做一件事情的過程中，遇到了一個又一個的困難，意志力就會被慢慢地消耗。如果沒有了意志力，很難將一件事情堅持下去。

只有意志力足夠強大，在遇到困難和挫折後，才能依靠自己強大的意志力克服困難，走出陰霾，找回勇氣和自信心，堅持下去。因此，對我們來說，想要堅持把一件事情做下去並養成一個好習慣，就需要不斷地鍛鍊我們的意志力，

第四章　如刷牙般輕鬆，讓堅持成為習慣

讓意志力足夠強大。

那麼應該怎樣鍛鍊我們的意志力呢？

一、走出舒適圈，嘗試著去做不願意做的事情

舒適圈對一個人意志力的消磨是非常大的，長時間只做一些自己輕而易舉就能完成的事情，沒有任何壓力，看起來過得非常舒服，實際上卻為自己埋下了禍根，不去挑戰自己，意志力沒有了，再想去做一件具有挑戰性的事情，就不會有毅力堅持下去了。

所以，我們要走出舒適圈，去做一些自己不願意做的事情，比如：你特別愛追劇，下班後就抱著手機看電視劇。你可以一週少看三、四個小時，這樣慢慢減少，最後，直到把影片軟體從你的手機裡刪除為止。

這樣一步步地做自己剛開始不願做的事情，漸漸地就能提升自己的意志力，讓意志力抵抗你去做對自己不利的事情。

二、持續不斷地做一件簡單的事情

簡單的事情雖然容易，但堅持持續做卻非常難。這是對意志力的一種考驗，只有那些透過不斷提升意志力的人，才能堅持下去。因此，持續不斷地堅持做一件事情，往往能鍛鍊意志力。

三、嘗試主動控制意志力

嘗試著把意志力放在一件事情上,這樣能產生巨大的力量。嘗試主動控制意志力,讓意志力放在自己所在意的事情之上,漸漸地意志力就會變得越來越強,並作用於你所做的事情上。

四、藉助外力

任何人都不可能脫離群體,群體裡的一些人可能會帶給你負能量,消磨你的意志力。比如:當你用意志力堅持做一件事情的時候,你的朋友可能會告訴你做這件事情有多少壞處,你不應該這樣做。同時,群體也可以促進、激勵你不斷地訓練並且提升意志力,比如:公司裡的各種制度,透過各種制度來約束員工的行為。

其中的各種制度,就為訓練你的意志力提供了動力。因為你要不斷地提醒自己什麼事情不能做,什麼事情要做好。在不經意間,意志力也就提升了。

五、參加體育活動和勞動

體育活動常有著競爭和突破,其中競爭不僅是與別人競爭,更重要的是與自己競爭。在競爭的過程中需要不斷地突

第四章　如刷牙般輕鬆，讓堅持成為習慣

破，想要突破自己，就要更加努力和勤奮。因此，支撐起突破自我的意志力就得到了鍛鍊。

勞動會使我們的身體疲勞，在人身體疲勞之時，意志力也會減弱，想要休息。此時，如果能再堅持一下，提升一些勞動時間，那麼意志力就會有一定的提升。

總之，意志力對堅持做好一件事情非常重要。意志力就像肌肉一樣，越訓練越強壯，所以，開始行動，把意志力變強。

第五章
誘惑太多，
靜下心來才能排除干擾

第五章　誘惑太多，靜下心來才能排除干擾

想做的事情太多，最後卻什麼也無法堅持

一位網友在社群上吐槽自己最近忙翻了，不久前報名了一家駕訓班，才練車一週，為了提升自己的業務能力，最近又開始學習英文，剛堅持了一週，週末又報名了廚藝班學習做菜。但真心覺得累，快堅持不下去了。

急於求成的我們，總想要一蹴即成。什麼事情都想做，做一件事情的同時，也可能做著好幾件其他事情。總以為自己可以做到，因此，利用每一段空閒時間，為自己安排一些任務。

而往往我們的精力和自制力又那麼不堪一擊，於是總抱怨自己做了多少事情，有多累、多辛苦。給自己找好了放鬆的理由，其實是受不了娛樂的誘惑。總說我要把任務都完成了再放鬆，可是卻拿著手機看影片、玩遊戲、滑社群等。

同時做許多事情，不僅分散了自己的時間，也分散了自己的精力。所以導致看似做了很多事情，卻並沒有做好任何一件事情。要明白這樣一個道理：我們基本上不可能同時把很多事情都做好，所謂有捨必有得，要懂得取捨，放棄一些不重要的事情，做自己最願意做的事情，才能堅持下來，並取得一定成就。

想做的事情太多，最後卻什麼也無法堅持

小野二郎在日本擁有崇高的地位，被日本人尊稱為「壽司第一人」。現在已經九十多歲的他，做了六十多年壽司。他開的壽司店在東京銀座辦公大樓地下室，店鋪非常狹小，連一個洗手間都沒有，最多一次能容下十個人就餐。但是這家店卻被《米其林指南》評為三星美食店。想要訂一個餐位，就要提前一個月訂，就餐時間為三十分鐘，僅提供一種55,000日圓的單人套餐，但客人還是絡繹不絕。他注重壽司的每一道工序，並將每一道工序都做到最好，因此，他能把壽司做到極致，沒有人能超越。他對做壽司的執著，起源於他對工作的認真態度和堅定信念。在他很小的時候，為了生存下去，他開始拚命工作，甚至覺得假期太長，每天都工作。

小野二郎對顧客的重視也到了極致的地步，他會根據顧客性別，精心安排座位，並且根據就餐的進度，時時改變。並且掌握每位顧客用餐的節奏，根據顧客的習慣，適當調整分量。很多顧客說：「他觀察我們，比我們觀察他都要認真。」

小野二郎放棄了假期，把心思都放在了壽司上，堅持做了幾十年，最終取得了可觀的成就。他的這種堅持，讓他排除了雜念，抵擋住了誘惑，實踐了一心想要做好一件事情的諾言。不要認為做一件事情是輕鬆的，只要堅持幾天就能成功。有這種想法的人，往往會堅持不下去，半途而廢。

因此，我們不要貪心，貪心就容易不精，做一件事就要專精。把不重要的事捨棄，做自己喜歡的事情，這樣就能堅

第五章 誘惑太多，靜下心來才能排除干擾

持做下去。怎樣才能找到自己喜歡做的事情呢？

每個人都是不同的，別人喜歡做的事情，你自己不一定喜歡。比如：有人喜歡去大城市奮鬥工作，而你卻喜歡待在小城市裡享受平靜。因此，想要找到自己喜歡做的事情，就要摒棄他人的看法和影響。比如：父母說：只有好好工作才能讓你成為更好的人；學習英文沒有用，你目前又不出國。

這些來自別人的建議，往往會影響你的選擇。如果跟著去做，那麼你做的可能不是你喜歡的事情。想要找到你喜歡做的事情，就要成為自己，不受別人的影響。

怎樣才能成為自己呢？這就需要透過清除阻礙並不斷探索。社會中有很多阻礙影響著我們做出正確抉擇，比如：你本想成為一個畫家，但是因為不工作就生活不了，而必須工作。當然對理智的人來說，並不會立刻辭掉工作，而去畫畫。

我們與社會是分不開的，完全脫離社會是不現實的，要清除阻礙而不是要繞過障礙。把重心放在你認為喜歡的事情上，積極去探索是否真的喜歡。等確定之後，就可以選擇清除阻礙了，也就是自己不喜歡做的事情。

總之，同時做太多的事情，反而一樣都做不好。學會放棄一些事情，透過清除不喜歡的事情，找到自己喜歡的事情，這樣就能堅持做下去，並取得一定的成就。

釐清目標，知道自己想要的到底是什麼

「這個週末一起去逛街吧？」「好呀，好呀。」一家公司的兩個女同事就這樣約好了，週末到了，她們一間店一間店地逛，一逛就是一天，到回家的時候，兩個人一件東西都沒有買。

沒有一個明確的目標，即使做得再多，也不會有收穫，而且還浪費了時間。對大多數的失敗者來說，他們之所以失敗，往往是因為不知道自己到底想要做什麼，做做這個，做做那個，最終都失敗了。

而成功者無一例外，他們有自己明確的目標，並且相信自己一定會成功，而且還擁有一顆堅定不移的心。

美國福特汽車的創始人亨利・福特（Henry Ford），在他12歲那年，有一天，他跟著父親駕著馬車去城裡。在路上他看到了一輛蒸汽車，覺得非常神奇，在他心中有了這樣的想法，蒸汽既然可以作為動力，那麼汽油是不是也可以呢？他決定試一試。

但當時還沒有以汽油為燃料的引擎，他立下目標，十年之內完成一輛汽油車。隨後，他告訴父親，自己要成為一名發明家。他離開了家鄉，去了工業城市底特律。剛開始他只

第五章 誘惑太多，靜下心來才能排除干擾

是一名機械學徒，慢慢地對機械有了一定的了解。在空閒的時間裡，他從來沒有忘記自己的目標。雖然每天在工廠工作很累，但他還是進行著研發工作。

他終於在 29 歲那年走向了成功。在試車會上，有一名記者問他：「你成功的祕訣是什麼？」他說：「因為我有個遠大的目標，所以我成功了。」

擁有一個明確的目標，我們就會知道應該怎麼去做。在實現目標的過程中，也不容易迷失方向，有目標作為動力，做起事情來也會更加賣力。這就是有明確目標的人成功的原因。

每個人的目標都是不一樣的，即使是同一個人，不同年齡層的目標也是不同的。

孫正義 19 歲那年，還在上大學，他就為自己定下了人生不同階段的目標：

20 歲開始成為創業者；

30 歲透過自己的努力，至少賺 1,000 億日圓；

40 歲闖出一番大事業；

50 歲把自己的公司做到 1 兆億日圓的規模；

60 歲把管理權交給下一任。

結果，他的人生完全按照他的目標來做，並且全部都實現了。

釐清目標，知道自己想要的到底是什麼

因此，無論你處於生命中的哪個時間段，擁有自己的明確目標，就能制定出具體的行動計畫，並為之奮鬥，促使自己實現它。

所以制定一個明確的目標對我們就非常有必要，那麼如何制定一個明確的目標呢？

(1) 規劃一個時間段。每個人都有一個人生的大目標，但是大目標的實現需要很長的時間。如果只制定一個大目標，在相當長的時間內，等於沒有目標。因此，規劃一個時間段，在這個時間段內制定一個小目標，有了這個小目標，就能為自己帶來動力。

(2) 列舉自己的願望。目標往往源於自己內心的真實想法，想要實現什麼，想要做什麼。因此，可以拿一疊卡片，把自己的願望都寫下來。然後，將它們分類，分為長期目標、短期目標和近期目標。

(3) 去除不是真正想要的目標。在制定目標的過程中，有很多目標並不適合我們，有的是我們不想做的，只是為了虛榮或者其他原因而制定的。還有一些是根本做不到的目標，比如你唱歌五音不全，並且堅持了很長一段時間依然沒有提升。此時就可以放棄這些目標，去進行那些可以實現並且是自己願意做的目標。

(4) 選出最容易實現和最迫切的目標。實現目標要有先後順序，先易後難，循序漸進。假設自己很快就要離開這個

世界了,自己最想要做什麼,透過這種方法,可以選出一些最迫切且容易實現的目標。

(5) 進行篩選。透過前面的集中方法,選出的目標就剩下幾個了。但一個時間段內同時實現多個目標會分散注意力,往往不能同時實現。所以需要從中選擇出一個,定為你的近期目標。

明確了目標就知道自己想要什麼,也就有了奮鬥的動力和期望。在美好的期望下,就能抵擋生活和工作中的誘惑,把時間用在實現目標上,抓緊時間去做有利於實現目標的事情,給予自己適當的緊張感,提升效率,完成自己設定的目標。

學會拒絕，為你的堅持清除障礙

我們放棄堅持一件事情最常見的理由就是：沒時間。但我們會和朋友聊幾個小時的電話，會在明知道不會買的情況下聽推銷員介紹半天產品，會在不喜歡的飯局上強顏歡笑數小時。

我們不是沒有時間，而是我們把時間都浪費在了不必要的人和事情上。有個人去香港旅遊，同事們知道後，紛紛對他說：「幫忙代購點甜點吧。」想到都是同事，不好意思拒絕，就一口答應了。知名的糕餅店大排長龍，嚴重影響了遊玩的時間，回來後她一臉不高興。

有人說，一生中的麻煩有一半是由於太快說「是」，太慢說「不」造成的。因此，對於我們來說，在交際過程中，當你遇到別人的請求時，不要急著答應對方，而是要勇敢地說「不」。

勇敢拒絕聽起來非常容易，執行起來卻有一定的難度。我們經常會陷入進退兩難的境地。明明會打亂自己原本的計畫，但是不忍心拒絕別人，最後委屈自己滿足別人的請求。顯然對於我們來說這是一個損失，這樣的付出，沒有絲毫意義。

第五章　誘惑太多，靜下心來才能排除干擾

卓別林（Charlie Chaplin）說：「學會說『不』吧！那樣，你的生活將會美好得多。」很多時候，需要說「不」時就說「不」，別因為覺得對不起別人而不好意思拒絕。勉強自己答應別人，不但不會讓你在交際上取得成就，反而會讓你的生活因為不善於說「不」而變得更加失意。

所以說當別人請求你做的事情，與你要做的事情有衝突，或者對你來說是無理要求的話，就果斷拒絕，這樣能避免他人打亂自己的生活節奏，影響自己的生活。

雨果（Victor Hugo）在寫《悲慘世界》（*Les Misérables*）時，為了保持自己的思路不被人打斷，他在創作期間拒絕了一切應酬。當然他的朋友都知道他正在創作，但有事也會去找他，遇到這樣的情況時，雨果是否就無法拒絕了呢？

事實是否定的，因此他想到了一個好方法來應付──他把自己的頭髮剃了半邊，鬍子也剃了半邊，這樣，遇到有人來邀請他時，他們見到的是一個留了半邊頭髮和半邊鬍鬚的人。親朋好友見狀，也就不好再叫他去了。

雨果在該說「不」時果斷地說了「不」，為自己贏得了創作的自由，既減少了別人的打擾，也維護了與別人的關係。

所以，有時候我們要學會果斷拒絕，不要因為礙於情面而不好意思拒絕。更不要認為，拒絕就會影響自己與朋友的往來，還會影響自己與別人的關係。殊不知，很多交際之所以無法長久，就是因為你當初不善於拒絕。

學會拒絕，為你的堅持清除障礙

　　日常交際中，當遇到需要拒絕別人的請求時，我們怎樣才能讓自己輕鬆地說出「不」字呢？可以從以下幾方面來努力。

　　首先，多給自己一些積極的暗示，比如「我拒絕別人是自己的權利」。在人際交往中，我們每個人都有維護自己合理要求的權利，只要採用的方式是社會所能接受和認可的即可。

　　其次，拒絕別人的話要盡量說得委婉一些。直接說「不」很傷別人的面子，不如向對方示弱，說自己能力不夠，解決不了問題。

　　再次，拒絕別人時不妨給對方一些建議。根據對方的情況適當地給予別人一些合適的建議，雖然看似沒有直接幫忙，卻也為他解決了問題，這樣對方不但不會因為你的拒絕而怨恨你，反而可能會對你感激不盡。

　　拒絕是門藝術，它就像一種生活調味料，做個能果斷拒絕別人的人，那麼你的交際就會變得豐富多彩，而你的生活，也會減少很多不必要的麻煩。

　　一位諾貝爾獎的得獎者曾說：在公布得獎者之前一段時間，許多人前來關切這件事，我便隱居到鄉下，想不到鄉下也不是世外桃源，隨著頒獎日期即將到來，各種傳言讓我心煩意亂。想不到我一向和善待人，還有這麼多人討厭我，原來這就是諾貝爾獎被曲解的意義。

第五章　誘惑太多，靜下心來才能排除干擾

所以當我們遇到更加值得做的事情的時，要學會拒絕別人。那什麼是值得自己做的事情呢？我們可以透過以下幾種方法來判斷。

1. 對比法。選擇對每個人來說都是有一定的困難的，很多人之所以有選擇恐懼症，是因為他們不會使用對比法。如果沒有對比，就表現不出做哪件事情更加值得。而透過對比法，你就能知道哪件事情值得做、應該去做。比如：朋友叫你去爬山，而你在家看書。透過對比你會發現，看書什麼時候都能看，而和朋友出去爬山則不同。說不定，錯過了這次，彼此就很難再有時間一起出去了。所以，跟朋友出去爬山更值得去做。

2. 判斷收益衰退時間長短法。做每一件事情都有一定的收益，比如：你看書能提升你的知識涵養；你學做飯能做出美味的飯菜，滿足自己的胃。而收益的大小和時間長短往往決定著事情是否值得去做，比如：剛開始別人請你出去聚會，你會感覺很好，心情特別舒服。可時間一長，你就會變得煩了，覺得沒有什麼意義。而堅持背枯燥的英文單字，慢慢地英文能力提升了，收益會越來越大，這就值得去做。

總之，我們不必讓自己很忙，做好所有的事情，而是要找到值得做的事情，拒絕一些不值得做的事情。把時間用到值得做的事情上，這樣才能不浪費時間，消耗精力和意志力，堅持做下去。

不要讓別人的聲音干擾你的選擇

「看看吧,兩年前你不讓我買,要是不聽你的,現在我都賺了幾十萬了。」說這句話的時候,孫小華非常氣憤,同時也怪自己沒有堅持自己的選擇。原來兩年前,他準備投資基金,結果朋友都勸他不要買,結果兩年後基金獲利可觀,當初買的人都賺翻了。

我們無法預知以後要發生的事情,與其聽取別人的聲音,而導致自己沒能堅持做好一件事情,不如堅持自己的決定,無論是失敗還是成功都不讓自己後悔。

最近網絡上爆紅一位年過60的老人,他登上了國際級的時尚舞臺,許多人知道他的年齡都大感驚訝,卻少有人知道,他的一生也是波瀾起伏,非常曲折的。

他原本工作的公司倒閉,失業後本應繼續找工作,但他卻獨排眾議,向時尚產業及自我經營發展,若是缺少工具器材,就自己製作。無論條件多艱苦,他都堅持下來了,四十年過去了,他終於獲得了成功。

別人並不知道你最適合做什麼事情,但是如果你不能遵循自己的意願,而是盲目追隨他人的想法,最後苦的只能是自己。沒有自我的生活是苦不堪言的,沒有自我的人生是索

第五章　誘惑太多，靜下心來才能排除干擾

然無味的，喪失自我是悲哀的。如果你想擁有美好的生活，那就需要打破別人強加給自己的禁錮，堅持自己的想法。

一位作家指出：我們此生不一定要功成名就，可是，我們一定要明白自己的夢想，並將其具象化，使它成為可能，然後去追求它，去實現它。追尋一個夢想是一種巨大的幸福和快樂。你也曾體會過這種幸福和快樂嗎？大膽堅持自己認為是對的東西，只有這樣，你才能去做，並且堅持做下去。

在你決斷一件事情的時候，一直以來都是被所謂「權威」人物的觀點左右，而不敢大膽貫徹自己的想法嗎？或是在為人處事的過程中你經常按別人的反應來決定，而不是按照自己的意願做決定。這些都是不自信的表現，長此以往，你就會喪失按照自己意願生活的能力。

一位通曉做人法則的人士指出：「當別人對你說，『快看這裡！』或『快看那個』的時候，請你不要盲目地追隨他們，因為幸福世界就在你的心中。」其實，何止是幸福，包括做人做事都是這樣，你不能在聽了別人對自己的看法後，就依附他們的喜好來改變自己，你要按照自己的個性生活。

有時候我們因為希望被大家羨慕，被大家認可，卻忘記自己是不是真的喜歡，是不是真心想這麼做，所以注定要忍受更多的無奈和痛苦。做人最可貴的事情莫過於堅持自己的看法，而不是盲目從眾，以至於在別人的觀點裡迷失了自己。所以不要活在別人的目光和意見裡，我們要為自己活，替自己做主。

不要讓別人的聲音干擾你的選擇

怎樣才能減少甚至杜絕我們被別人的聲音干擾呢？下面的幾種方法可以參考。

一、心裡暗示我是對的

堅持做一件事情時潛意識的影響非常大。把「我是對的」這個觀念變成一個潛意識，讓我們時刻主動認為我們做的是對的。在別人為我們提供意見的時候，就能在相當程度上減少其影響，把一件事情堅持下去。

二、勇敢對別人說不

「三人成虎」，原本不存在的東西，說多了也就變成現實了。別人的意見有時候透過自己的判斷很顯然是不對的。但很多人都對你說，說的人多了，你也會受到干擾，甚至是聽取了別人的意見。

這時，就要相信自己，對別人勇敢地說「不」。不要讓別人發表看法或被別人意見左右，這樣就能避免自己犯選擇困難症。很多時候，選擇多了反而容易選擇錯誤，相反，選擇少了反而會讓你堅持下去，並且會成功。

總之，在堅持做一件事情的時候，並不是不聽別人的聲音，而是對自己要有一定的自信，相信自己有能力做好，不要讓別人的聲音輕易干擾到你。

177

第五章　誘惑太多，靜下心來才能排除干擾

你容易受別人負面情緒的影響嗎

負面情緒被稱為一種會傳染的「精神絕症」。經常抱怨的人，往往感受到的都是負面情緒，認為所有的東西都是不美好的。他們把自己關在情緒的牢籠中，還要向別人訴說，想要把別人也拉進來。和這些人經常待在一起，慢慢地你也會染上「精神絕症」。

情緒是會傳染的，聽同事說，以前跟她合租的一個室友，因為工作和生活的原因，經常心情不好。當她室友心情不好的時候，就會向她訴說，向她抱怨社會的不公，聽得她也漸漸開始變得非常消極。

表哥有一個青梅竹馬，兩人一起長大，關係非常要好。現在分開工作了，一年也見不到幾次面。但他的青梅竹馬卻經常打電話給我表哥，每次打電話，他總是向表哥抱怨，聽得表哥頭都快要炸裂了。什麼上司沒眼光，寧願提拔比他能力弱的，也不提拔他。還有什麼同事經常因為一點雞毛蒜皮的小事就跟他吵架、老婆經常埋怨他沒有能力，一副生無可戀的哭訴。

剛開始表哥還會安慰他，幫助他減少了一定的壓力。但是時間長了，次數多了，每次聽他講完以後，表哥也非常壓抑，完全提不起精神，做起事情來沒有任何效率可言。可他還說：「還是你夠朋友」。於是聽他說完，並且安慰他。

你容易受別人負面情緒的影響嗎

是的，聽了他的抱怨，他是感覺好多了，卻把所有的負面情緒轉移到表哥那裡，感覺他就是一個負面情緒的垃圾桶，每次聽他講完根本提不起任何精神。

在我們身邊這種人是存在的，你一不小心就會跟他糾纏在一起。當你與帶有負面情緒的人在一起一段時間後，你就會發現，漸漸地自己也有了負面情緒。這種負面情緒會慢慢消耗掉你身上的能量，影響你做事的動力。比如，你正準備培養閱讀的習慣，或者制定了學習英文的計畫，你會發現這些負面情緒常常會破壞你堅持的熱情，甚至會引發更大的悲劇。

蝴蝶效應就是，即是相隔十萬八千里，而蝴蝶翅膀的一次煽動，可能會給遠在天邊的地方造成一場災難。生活中，一點點負面情緒地累積，最終可能演變成一發不可收拾的局面。一個負面情緒，不要持續地去讓它發酵。

為什麼我們會受到別人負面情緒的影響呢？因為每個人都有自己的「情緒磁場」，正是因為這種「磁場」的存在，會受到周圍人的負面「情緒磁場」的干擾。這時候，你能迅速地察覺到，特別是對那些悲痛、憤怒和失望，這種情緒的影響非常大，當別人講給我們聽時往往會受到較大影響。

其實就是我們的同情心在作祟，當聽到別人向我們訴說他們的負面情緒時，為了讓他們心裡好受一些，我們總是關心他們，對他們說一些鼓勵和安慰的話。時間一久，關心得

第五章　誘惑太多，靜下心來才能排除干擾

多了，別人的負面情緒也會不知不覺地影響我們。

前一段時間，有一項研究報告顯示，傾聽別人的情緒宣洩能為我們帶來一定的歸屬感。哈肯·布拉赫特來自一家市場研究公司，他帶領了一個團隊，對 176 名大學生進行了研究。他們讓這些大學生填了一份報告，以此來測試他們的歸屬感需求，以及這些人是否願意聽朋友的情緒傾訴。最終的結果顯示，願意聽朋友傾訴的是那些歸屬感高的人。

接著，這些研究者將 78 名大學生分為三組，第一組寫被排斥的經歷，第二組寫失敗的經歷，第三組寫中性經歷。然後，填寫相關問卷。

結果顯示，回憶受排斥的人更容易增加自己的歸屬感需求，更願意傾聽朋友的情感傾訴。

研究者表示，傾聽者能從傾聽中受益，滿足自己的歸屬感需求。

面對歸屬感的影響，要保持自己的鎮定，不受其影響。一位作家曾經說過：負能量是責怪他人與社會，而正能量則是告訴你，我可以透過努力改變一切。要相信自己能做到，為自己帶來積極向上的正能量，讓自己充滿奮鬥的熱血和勇氣。

那麼我們應該怎樣擺脫別人負面情緒對我們的影響呢？

一、遠離消極的人,從源頭上杜絕

朱熹曾說:「問渠那得清如許?為有源頭活水來。」要從根本上杜絕被人負面情緒的影響,就要從源頭上加以制止。遠離那些帶有負面情緒的人,他們便不能再向我們訴說他們的負面情緒,這樣我們就不會受到他們負面情緒的影響了。

二、多與積極向上的人交流

俗話說:「物以類聚,人以群分。」跟什麼樣的人在一起,說明你是一個什麼樣的人。環境對我們的影響是巨大的,因為無論生活還是工作都離不開與人交流。選擇和什麼樣的人在一起是由我們自己決定的。因此,多和積極向上的人進行交流,就能讓積極向上的情緒感染、影響到你。

三、把負面的情緒轉化為正向的情緒

「一萬個人眼裡就有一萬個哈姆雷特。」視角不同,看待問題就會產生差異。當別人向你傾訴負面的情緒時,你可以換一個角度考慮。比如:同事跟你抱怨,這次的錯誤根本就是因為自己的一個小小的失誤,再說也沒有必要教訓自己那麼重吧。此時你就可以這樣想:這次如果不教育這麼重,下次如果犯的錯更大,應該怎麼辦。

第五章　誘惑太多，靜下心來才能排除干擾

　　轉化你的思想，將負面抱怨的事情，轉化為自己的經驗和教訓，這樣看似負面的情緒，瞬間就轉變為正向的情緒了。

　　總之，我們不要輕易受到別人的影響，要維持正向心態，積極向上，對自己保持自信，做一件事情，就堅持做下去。

把注意力集中在你正在進行的工作上

做一件事情時,還想著做別的事情,只求多不求快不重質,是許多人在工作中的心理表現之一,這種心理表現在做事風格上就是多件事情齊頭並進,或是在還未處理完舊的事情時,又著手處理新發生的事件。如同一個「青蛙找井」的故事,一隻青蛙住在一口井裡,覺得附近應該有環境更好的井,就到處尋找,但每找到一口井,又覺得下一口可能會更好。就這樣一路找到了晚上,又渴又累,只好隨便跳進一口井,卻發現是個比原本更差的半乾的井,卻也只能將就。

我們都會笑那隻青蛙太傻。不過,現在有些年輕人都快變成上文中的這隻青蛙了,今天考律師,明天學會計,後天讀 MBA……對此,一位經濟學者的觀點是:讀書的時候選擇好的科系,認真學習,打好基礎,多為自己的未來學點吃飯的技能,不要著急去做什麼事。畢業後的幾年,可以嘗試做幾份不同的工作,看看哪個最適合自己,然後選擇其一持之以恆地做下去。但也不能嘗試太久,最好在 30 歲前確定目標。

微軟總裁比爾蓋茲也說:「無論你有多能幹,唯有專注,才能成就一流的事業。」的確,專注的工作習慣,是許多成

第五章　誘惑太多，靜下心來才能排除干擾

功者比一般人完成更多成果的祕訣。

世界著名的物理學家丁肇中先生，僅用五年多時間就獲得了物理、數學雙學士和物理學博士學位，並於 40 歲時獲得了諾貝爾物理學獎。丁先生說：「與物理無關的事情我從來不參與。」

因此，在做一件事情時，不要將自己的注意力分散到其他事情上，應該集中自己的注意力，用充足的時間和精力，把這件事情做好，然後再去做其他的事情。否則只能是，自己正在做的事情沒有做好，別的事情也沒有做好。

養成專注的習慣是時間管理的重要原則之一，它包含幾種行為模式：

第一，一次處理一件事，避免同時處理多件不同的工作。

第二，避免分心，工作過程中要全神貫注，排除各種使你分心的因素。

第三，100％完成，堅持一鼓作氣，盡量不停頓、不中斷，直到完成。

一件任務完成 95％和完成 100％相比，差別非常大，當你 100％完成任務時，讓你感到「贏家」的快樂。未完成任務，則會帶來心理壓力和不安。因此，專注的工作習慣不僅可以提升工作效率，也是獲得快樂、信心與滿足感的關鍵。

把注意力集中在你正在進行的工作上

為了養成專注的工作習慣,你可以學習以下的做法,不斷地進行練習,直到成為日常生活習慣。

(1) 每天工作結束,晚上睡覺前,列一張次日工作清單。
(2) 運用 ABCDE 工作分類法,檢視工作清單上的所有項目,排列出工作的先後順序。
(3) 次日開始工作前,選擇最重要的 A 工作項目。
(4) 把工作空間完全清理乾淨,只剩下 A 工作項目。
(5) 把完成 A 工作所需要的資料準備好。

坐下開始工作,而且不分心,盡量避免其他干擾,例如電話、手機等。如果有自己獨立的辦公室,最好關上門並掛上「請勿打擾」的告示,自我要求要一氣做完,等 100% 完成後,才開始做別的事。

一次只做一件事,會讓你更專心,能提升工作效率和品質,這在無形中也起到了節約時間的目的。

第五章　誘惑太多，靜下心來才能排除干擾

數位時代，不要被各種無用的資訊綁架

大多數人都會有這樣的經歷，混跡職場多年，但是，總是會失去一些重要的機會，其中最重要的原因是自己的英文能力不高。痛定思痛，下定決心要提升英文能力。

隨著網路時代的到來，手機成了眾多資訊的載體。於是，開始上網尋找學習英文的方法，在各種討論區、各種網站上裡找到了各式各樣的方法，看完後瞬間覺得很快就能學好英文。於是下載了好多學習英文的軟體，想著自己努力一把，或許幾個月就可以學到一口流利的英文。但是，半年過去了，當初下載的學習資料幾乎都沒有看過。

透過便利的網路，總以為可以為我們提供一條捷徑，但是很多人辨別不了什麼資訊對自己有用，什麼資訊對自己沒用。結果讓自己陷入選擇的漩渦之中，最終也沒有找到合理的答案。

人們現在都追求終生學習，不斷地充實自己，同樣也非常注重效率。因此多數人選擇充分利用碎片時間。在等公車、坐捷運、吃飯的過程中，都會選擇學習一些知識。然而，很多人獲取到的知識都是沒有用的，記住了很多，但是到真正用的時候，卻發現自己什麼也沒有記住，只是感覺在

數位時代，不要被各種無用的資訊綁架

哪裡看到過。

我們處在一個數位時代，資訊的傳播途徑和方法越來越多，也越來越快，導致我們無時無刻不在面對眾多的資訊。其中有用的資訊往往遠低於無用的資訊。

智慧型手機的普及，使它成了資訊最重要的載體。而我們也越來越依賴手機，手機成了我們生活中不可缺少的一部分。一有時間了，便迫不及待地趕快拿出手機，巡一下通訊軟體、滑一下社群、看一下新聞等等。

這些行為已經成了很多年輕人的習慣，離開這些他們就會覺得非常無聊。曾經有一個記者做過一個採訪，他找了一位年輕的女孩，問她：「如果讓你在你的朋友和親人跟手機之間做一個選擇，你會選擇什麼呢？」女孩毫不猶豫地回答：「手機。」

接著記者問：「這是為什麼呢？」女孩說：「手機可以一直陪著我，我可以從它那裡了解很多資訊，而親人和朋友不可能一直在我的身邊。」可見手機中的資訊對很多人來說有多重要，他們寧可失去生活中重要的人，也不願意失去手機。

而他們中的大多數人看到的一些資訊幾乎是沒用的，大數據統計顯示，76%以上的人，每天利用網路瀏覽的資訊都是娛樂搞笑、驚悚、新奇等，這些東西對我們的生活和學習

第五章　誘惑太多，靜下心來才能排除干擾

基本上一點用處都沒有，為什麼我們會被這些雜訊綁架呢？

從另一方面看，是不是意味著，如果要避免被無用的資訊的綁架，就要徹底擺脫手機，或者是刪除自己的社交軟體呢？這樣做顯然是不明智的，雖然被手機傳播的資訊大多數是沒有用的，但還是有一部分對我們是非常有用的。抓住其中對我們有用的資訊，就能帶給我們巨大的好處。

因此，我們擺脫資訊綁架，要使用一定的方法，不能全面否定所有的資訊。以下幾種方法可以參考。

一、用打電話代替傳訊息

工作上，越來越多的人透過即時通訊軟體來溝通，但一來一往地傳訊息極其浪費時間，因而當你使用通訊軟體時，也會不知不覺地瀏覽其他與工作無關的訊息。工作中，當你需要商量某件事情時，用打電話來代替通訊軟體聊天，這樣可以讓交流變得更高效，也能讓其變成單純的娛樂軟體。

二、每次只使用手機的一項功能

手機的多個功能同時使用也在耗費著我們過多的時間：聽音樂時想要滑滑社群，還要及時回覆朋友傳來的訊息，有時候還想逛一下購物軟體。針對這樣的情況，你需要做的就是每次只使用手機中的某一項功能，聽音樂的時候戴著耳機

安靜地聽音樂就行了,把手機放在口袋裡。當然,你也需要把手機中那些不常用的軟體全都移除。

三、將通知的聲音關掉

一天中,我們會收到很多訊息,當然其中有很多是無用的。當我們在做一件事情的時候,如果一直聽到訊息提醒的聲音,我們就會被干擾,會不自覺地拿起手機看一下。當看到的訊息是沒有用的,瞬間心情就會變得暴躁,甚至是憤怒。這樣既影響了工作,又使自己的情緒變得糟糕。導致的結果一定是工作效率嚴重下降,最終導致工作失敗,選擇放棄。

我們可以把自己手機的訊息通知關掉,那麼在工作的時候,就不會因為要頻繁地看訊息而導致時間浪費。可以隔一段時間,比方說休息的時候,拿起手機看一下,把其中有用的信息留下慢慢看,然後把沒用的訊息直接刪掉。

四、刪除一些軟體

自我發起的抵制,對擺脫資訊綁架最有效。人們在無聊的時候,最經不起誘惑。當你手機上有一些產生大量雜訊的軟體時,在無聊的時候你就會不由自主地點開然後去看。

因此,要學會刪除一些對自己沒有太多好處的軟體。俗

第五章　誘惑太多，靜下心來才能排除干擾

話說：「眼不見，心不煩。」看不到這些誘惑，自然也能避免資訊綁架了。

五、開啟通知過濾

當大多數人無法任受訊息的騷擾時，人們也在想應對的辦法，其中最好的應對辦法就是主動開啟通知過濾，從源頭解決資訊綁架。手機會自動過濾掉一些無用的通知，這樣你就看不到這些東西了，當然能在一定程度上避免被資訊綁架了。

六、退群和關閉群組通知

退出那些沒有任何好處的群組，比如你的酒肉朋友群組。

弱化可有可無的群組，比如同事之間的一些群組，你與群組中的人關係不會太要好，因為是同事，所以不得不加入，在私人的時間，你需要把這些群組都「關閉通知」，盡量少參與其中。

總之，在這個數位時代，雜訊會綁架我們，要學會使用一些方法避免被綁架。把這些時間用在做自己想做的事情上，抵制住誘惑，堅持做下去，你才會有一定的收穫。

時間過得很快，可以讓你奮鬥的時間更是如此，「時間花在刀口上」，別荒廢了原本應該奮鬥的歲月。

不比較不嫉妒，把自己擅長的事做好

「憑什麼他能得到更好的東西，我卻不能呢？他能做好的，我也一定能做好，等著看吧。」生活中，凡事都要和別人比較，產生了嫉妒心，不切實際地跟別人比較，在一件自己不擅長的事情上爭個你死我活，反而忽略了自己所擅長的事情，最終敗得一塌糊塗。

曹享林喜歡美食，於是他開了一家小餐廳，生意說不上太火爆，但也慢慢累積了不少老顧客，閒下來的時候，他會拍一些美食照片傳到社群平臺，也有一些人氣。很快他的一個朋友開了一家網路商店賣衣服，生意非常好。有一次，吃飯後閒聊，朋友向曹享林炫耀了一番自己的成就。曹享林羨慕不已，覺得自己每天早出晚歸辛辛經營，半年還沒有朋友坐在家裡一個月賺得多，非常鬱悶。

於是，曹享林果斷把小餐廳關了，跟著朋友學開網路商店賣衣服。但開網路商店哪那麼容易，而且他發現自己並不擅長在線上和客戶溝通，幾個月下來，也沒成交幾筆單子。他惶惶不安，焦慮不已，開始懷念開小餐廳的時光。

從心理學的角度分析，「比較心態」是人之常情。從經濟學的角度分析，「虛榮效應」有其一定的正面意義。比如，看到別人取得成功了，自己也想成功，就會逼迫自己向那些成

第五章　誘惑太多，靜下心來才能排除干擾

功人士看齊，以他們的標準來要求自己。這種情況下，很多時候能幫助我們成長，即使最終達不到我們想要的目標，但至少能使我們得到提升。

但是，如果因為嫉妒別人在某一方面的成就，就盲目地放棄自己所擅長的事情，去做自己不擅長的事情，最終的結果可想而知，一定是以失敗而告終。我們仰望別人的能力，就會感到自己的無能；仰望別人的甜蜜，就會感到自己的辛酸；仰望別人的成就，就會感到自己的一事無成。越是與別人比較，越覺得自己不如別人。感覺自己一無是處，為自己增加了許多煩惱，開始對自己不自信，逐漸迷失自我。

這種比較是毫無意義的，既不會為自己帶來好處，也不會讓自己的能力提升。迷失自我，找不到自己的優點、自己所擅長的事情，也就變得更加難以做好。我們其實沒必要跟別人比較，只要掌握好自己的內心，明白自己喜歡的是什麼，堅持把自己所擅長的事情做好就能獲得一定的成就。

1949年村上春樹出生，他的父母都是老師，並且都是日文教師。因此，他受到薰陶，從小就特別喜歡讀書。

上學後，父母培養他古典文學，但他卻並不喜歡，反倒是喜歡西方文學。進入中學後，對於自己不喜歡的東西，用功學習都學不好；但他對書籍的喜愛到了痴迷的狀態，來者不拒，什麼書籍都讀。他與妻子合開了一間咖啡館兼酒吧，並邊經營酒吧邊開始小說創作，漸漸地生意變得有些起色。

不比較不嫉妒，把自己擅長的事做好

某次在看棒球開幕戰時，靈感來了，突然想寫小說，就寫下了《聽風的歌》。他用樸實的寫法，獲得了一定的認可。兩年後他決定成為一名職業作家。而酒吧的經營也有了很大起色，朋友們勸他，不要放棄，一定能成功。但是他卻選擇當一名作家，最終取得了很大的成就。

據調查，有28%的人因為做了自己最擅長的事，才掌握了自己的命運，並把自己的優勢發揮得淋漓盡致，這些人都跨越了弱者的門檻，邁進了成功者之列；相反，有72%的人因為總是做著最不擅長的事，所以不能脫穎而出，更談不上大成功。

人與人之間是有差異的，每個人的性格、能力、經驗也各不相同。我們只有依照自己的潛能去發展，才能獲得最大的成就。而選擇自己擅長的事情，並堅持下去才會變得容易，做起來也才會更加順利和快樂。

蘇聯心理學家索爾格納夫認為，在發揮自己的最佳才能時，不要把「想做的」和「能做的」以及「能做得最好的」相互混淆。而這，又常常是人們最容易犯的錯誤。

想做分為兩個方面，一個方面是價值，也就是有意義，找到符合自己的、對自己非常重要的事情，才能堅持下去，相反則不會長久地堅持下去。另一方面則是興趣，俗話說：「興趣是最好的老師。」找到自己真正的興趣，就能給自己提供源源不斷的動力，讓自己堅持下去。

第五章　誘惑太多，靜下心來才能排除干擾

　　能做包括性格和能力，性格決定你可以做什麼，要按照自己的性格找到合適自己的，比如：讓一個性格特別內向的人去做銷售，就很難做好。因此，根據性格選擇自己要做的，就能發揮出自己的優勢。能力就是我會做什麼，擅長做什麼，能把什麼做好。明白了自己的能力，才能更好地發揮能力，把事情做好。

　　想做的事情，有時候只是你的一廂情願，並不一定能將它做好。同樣你應該做的事情，也不一定是你擅長的事情，也不一定能做好。能做的才是最可能做成功的事情。

　　因此，每個人不要做他想做的，或者應該做的，而要做他能做得最好的。不要讓別人的成功影響到你，因為只有做自己擅長的事情，才更容易成功。

想堅持做好一件事，就先別發文

「堅持跑步第一天，堅持跑步第二天，堅持跑步第三天……」在每個人的好友動態通常都會看到這樣的貼文，有的堅持發文一個月；有的只有十幾天。然後，就放棄跑步了。

王敬鵬平時的空閒時間比較多，他想趁現在還年輕，多學點東西充實一下自己。他開始看書，第一天，他讀了很多頁。就發了一則貼文說：「今天累計閱讀1萬字。」

發完後，過了一會，他的一個朋友幫他的貼文按了讚。他非常高興，又過了一段時間，他的另外一個朋友，回覆他的貼文說：「再多堅持一下，就變成文青了，看好你。」看到這些他非常開心，立刻回覆道：「過獎了，我只是覺得閱讀能讓我感受到平靜。」

就這樣過了一段時間，別人對他的貼文按讚或者回覆，他就堅持每天都發一則貼文，介紹自己的讀書成果。時間一長，他收到的讚和回覆漸漸地少了。有時，他發完一則貼文，過兩分鐘或者三分鐘就拿起看一次，看有沒有人回覆，或者點讚。結果一次比一次少，他開始變得焦慮，覺得別人不關注他了，朋友不在意他了。很快，他也不再發貼文，也不堅持閱讀了。

第五章　誘惑太多，靜下心來才能排除干擾

很多人做完一件事情後，總愛發貼文，希望得到別人的按讚和回覆。為此他們往往在發貼文之前，花費幾個小時的時間專門拍照和修圖。然後，精心地配上文字後發表到社群上。

很多時候，我們明知道發貼文是浪費時間，可還是忍不住發貼文。因為在數位化的時代裡，人與人的交流很多是透過社群軟體。透過這些貼文我們就可以知道朋友最近在做什麼，還可以用貼文來炫耀自己，得到別人的認可。

然而，太在意別人的眼光，頻繁地在社群軟體刷存在感，想透過貼文來滿足自己的虛榮心和維護人際關係是不可行的。在貼文裡秀自己的成果，在行動上卻沒有堅持，只會讓我們在別人的眼裡變得微不足道，我們得到的只有焦慮和沮喪。

長時間花費在發貼文上，浪費了自己的時間，也消耗了自己的精力，更重要的是，心情還會受到影響。人天生就有希望被別人關注、認同的天性。當發完貼文以後，遲遲得不到別人的回覆時，往往就會產生焦慮，從剛開始興奮的心情，慢慢變為低落的心情。

心情的好壞將直接影響做事情的效率和對堅持的忍耐程度。心情不好的時候，做任何事情都非常容易出錯，讓效率變得非常低下，產生焦躁、厭煩的情緒。如果長時間處於這

想堅持做好一件事，就先別發文

種狀態，很容易放棄做這件事情。

而真正能夠堅持下來的人，往往不會沒事就發貼文來炫耀自己的成果，而是選擇無聲的努力。透過自己無聲無息的努力，他們取得了成功，別人卻並不知道。

孫凱仕舉行了一次朋友聚會，幾個老朋友見面以後，感慨良多，吃完飯後，開始聊起了天。孫凱仕問一個朋友：「平時我們幾個常常會發貼文，發表一下最近的近況和遇到的事。我們幾個都會透過這樣交流、維繫一下感情。看你幾乎沒有發過文，但現在這一聚會，怎麼就成了一個公司的老闆了呢？」

他的朋友說：「在創業的過程中，一是比較忙，覺得發貼文浪費時間。二是創業中遇到了困難，發個貼文，你們看到了就會擔心。但你們只能給我提供精神上的支持，實際也幫助不了我，這樣反而讓我感到不好意思，影響心情。與其這樣還不如我自己面對困難，努力堅持下去呢！」

聽了這些話後，他的幾個朋友感到非常慚愧。

生活中，有很多人看起來很忙，他們發的貼文總是在做這個、做那個，實際情況是為了展現自己是一個積極向上的人，炫耀自己取得的成就而發給別人看的。私底下確是一個堅持幾天就放棄的人，遇到一點困難就說：「不是不堅持，而是為了更重要的事情。」他們所謂更重要的事情其實就是什麼也不做。

197

而成功人士，卻不會在意別人的看法，選擇孤獨。比爾蓋茲當初寫程式，不知道把自己關在屋子裡面多少天。英文名師為了提升自己的英文能力，不知道深夜裡獨自背了多少英文單字。許多企業家為了讓人投資自己的公司，不知道拜訪了多少人。

堅持做一件事情，就必須選擇孤獨，讓自己不被干擾。

想做好一件事，先放下利益導向

利益導向指的是追求功名利祿的心態。每個人都不可能完全沒有一點利益導向，適度的利益導向促進我們更加積極地奮鬥和打拚，一旦我們的利益導向太強，反倒讓我們沒有辦法做好一件事情。

在求學過程中我們會遇到這樣的事：選擇金融類科系，畢業以後可以得到高薪資。結果很多人都選擇了條路，不想選擇那些不熱門的科系，即使是選擇了，進入學校以後，也會選擇轉到那些熱門的系所。

在生活上我們會遇到諸如「你幫我做這件事吧。」「我做完了有什麼回報？」如果沒有回報，就不做了。

在工作上，分工明確，大多數人都不會去做自己工作以外的事情。因為這樣做了，薪水也不會比較高。

這些都是我們在做一件事情前，先考慮到了我們的利益，如果不能滿足自己的利益導向需求，就不會做這件事情。利益導向如果太強，我們就形成了對獎勵的過度依賴，沒有外部獎勵就不會去做一件事情。同時，我們做事的內在驅動力就會消失。沒有內在驅動力，我們將會很難堅持做一件事情。

第五章　誘惑太多，靜下心來才能排除干擾

漫畫家幾米在成為繪本作家前，在雜誌跟廣告界已是小有名氣的插畫家。然而正當他事業有成之時，被診斷出罹患血癌。在漫長的治療過程中，他開始對身命有所感悟，以全新的角度看待邊的人事物。

他開始改變自己的風格，不再只是為了工作、榮譽或地位去創作，而是用平和的內心畫他自己和周圍的一切。他看到什麼就畫什麼，思緒從他的筆尖流過，畫出的是自然、美好的事物，獲得了廣大的回響。

經歷過生死的幾米，終於變得不那麼「愚笨」。他明白了人的欲望是無窮的，欲望越大，利益心就會變得越強。當欲望大到一定程度後，就會把我們壓入水底。而他明白了只要保持自己的身心放鬆順其自然，壓力自然就沒有了，這樣他就浮了上來。

我們的生活也是這樣的，太在乎外部的利益，太想獲得成功，反而會輸得很慘；想要得到太多，反而失去得更多；太期望得到大量的財富，反而會變得很窮困。

所以，放下功利心，我們就不會那麼焦慮。太過急功近利，會讓我們在拚命做一件事情的時候，往往為了追求快，而忽略很多重要的東西，最終導致失敗。這樣我們就會產生焦慮的心情，影響我們做事的效率。如果放下這樣的心態，我們就不會再焦慮，而是穩紮穩打，一步一個腳印，逐步走向成功。

想做好一件事，先放下利益導向

放下利益導向，我們的視野也會更加廣闊。利益心態太重，我們的眼裡就只有利益，失去了對其他事物的觀察，更不會發現事物的美好。這樣我們的視野也會變得很小，視野變小了，自然我們就不能發現很多新東西，也會抓不住一些成功的機會。因此，我們要放下自己的功利心，讓我們的視野開闊，看到更多，這樣就能抓住機會，獲得收穫。

有一家早餐店，每天早上總是有很多人排隊去吃。這家店主已經在這裡做了三十年，在這三十年的時間裡，物價不知道漲了多少倍，但是這裡的早餐價格卻一分錢都沒有漲。

這家店不大，只有兩個人，是一對夫妻。男的負責料理，女的負責招待客人。有一次，一個人好奇地問：「你們價格怎麼都不漲呢？」女的回答說：「我們店鋪所在的位置上班族比較多，他們在外打拚也不容易，因此，我不願意漲價。我們只要不賠錢就好，我們年齡這麼大了，也花不了多少錢。」

可見，放下利益心態，才能讓我們的心真正保持純淨，不被世俗的功利所誘惑。從做一件事情開始，就不摻雜功利，才能讓我們拋棄功利，堅持把這件事情做下去。只有懷著一顆純淨的心，才能把精力用在做好這件事情上。所以，想要做好一件事情，就要放下我們追求利益的心。

第五章 誘惑太多,靜下心來才能排除干擾

專注於一件事,結果都不會太讓人失望

「斜槓青年」指的是現在的我們喜歡做多個職業。我們在日常生活中,往往把行程安排得滿滿的,不給自己休息的時間。我們在生活和工作中,面臨的壓力很大,因此總有技多不壓身的思想,認為自己做得越多,成功的機率也會越高。所以,我們總是做著自己的本職工作還做兼職,結果卻什麼也沒有做好,也並沒有達到自己的成功標準,這就是用心不專。

世界知名的瑞士手錶,每一塊都是經過精打細磨、反覆雕琢的,因此才譽滿天下。義大利鞋匠不斷地追求完美,用盡全力,成了鞋業霸主。

李國修是著名的劇作家,同時他也是一位導演。他小時候,經常抱怨他的父親,因為他的父親沒有成就。後來,他的父親對他說:「一輩子只要做好一件事情,就算功德圓滿。」他受到了啟發,用他一生的精力只做開門、上臺、演戲這件事情,因此,他被稱為臺灣的「劇場國寶」。

比爾蓋茲的母親曾經邀請巴菲特(Warren Buffett)來她家裡聚會。在聚會上,他們一起玩了一個遊戲。讓在場的每個人都寫一個對他們最有幫助的一個詞。參加聚會的人中,只有比爾蓋茲和巴菲特在沒有任何交流的情況下,寫下了專

專注於一件事，結果都不會太讓人失望

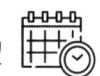

注這個詞。巴菲特一生從來不把時間浪費在無關緊要的事情上，而是專注於一件事情上。

可見，專注是我們成功必不可少的因素之一，應該只專注於一件事情，並把它堅持做到底。這就是成功的人與普通人最大的區別。美國著名企業家、福特汽車的創始人福特曾說：「做好事情的捷徑就是一次只做一件事情。」

張德芬在《遇見未知的自己》一書中寫道：「當你真心想要一件東西的時候，你身上散發出來的就是那種能量的振動頻率。然後全宇宙就會聯合起來，幫助你達到你想要的東西。當我能夠排除干擾，不怕外界喧囂，能夠靜下心來，在鍵盤上敲打出一個個文字，那個時刻的我就是專注的。」

當我們專注做一件事情時，就會發現，我們在做的時候能夠讓自己陶醉其中。此時我們的狀態非常好，並且在做的過程中，會獲得極大的滿足感。把我們想像成一塊海綿，在專注做一件事情時，每時每刻都在吸收著知識。吸收得越多，能量會越大，成功的感覺就會越強烈。

即使我們在專注做一件事情的過程中遇到了挫折和失敗，然而我們全心全意投入的熱情也會逐漸地戰勝我們的失落，從而讓我們擺脫外界的影響，提升做事的效率。在專注一段時間後，效果一定會顯而易見，當我們與那個更好的自己不期而遇的時候，我們會更加堅信專注一件事情是必不可少的。

第五章　誘惑太多，靜下心來才能排除干擾

但專注一件事情看起來簡單，但對我們來說並不容易。專注，考驗的是我們的毅力和恆心。如果我們沒有堅如磐石的信念和鋼鐵般的意志，很容易在長期的堅持中，因為枯燥、無趣而動搖，進而選擇放棄，不再堅持做這件事情。

我們要專注做一件事情，首先需要找到一件值得堅持做的事情，排除一些干擾選擇的事情。蓋瑞・凱勒（Gary Keller）和傑伊・巴帕森（Jay Papasan）所著的暢銷書《成功，從聚焦一件事開始》（*The One Thing: The Surprisingly Simple Truth Behind Extraordinary Results*）中的中心思想就是：我們每個人的精力和時間都是有限的，把所有的事情都做到，這是根本不可能的事情。因此，我們要化繁為簡，縮小我們的目標，把注意力集中在一處。

這就需要我們放棄一些對我們而言毫無用處的事情。比如用大量的時間看影片；沉迷在遊戲中無法自拔等。以一天為一個單位，來規劃自己所要做的，然後，進行篩選，選出最為重要的事情去做。

其次，我們要為自己創造一個良好的外部環境。外部環境會影響我們，比如我們在看一本書，可是周圍卻有人在大聲說話，這就會嚴重影響到我們。對大部分人來說，我們的自制力是不可能完全抵擋外部的干擾的。此時，我們應該盡最大的努力，為自己提供一個安靜的環境。

最後，要將專注做的事情分成多個階段的小目標，完成一個小目標就給自己一些獎勵。在長期堅持下，每個人都會受到負面情緒的影響，這是因為長時間看不到成果，不知道還要堅持多久而感到迷茫。

專注一件事情，當我們堅持的時間足夠長，那麼我們取得的成果也會更加豐厚。

第五章　誘惑太多，靜下心來才能排除干擾

ㄈ第六章
精進的祕密，
等速前行改變就在每一天

第六章　精進的祕密，等速前行改變就在每一天

你不是不努力，而是用力過猛

有人感慨，現在是一個用力過度的時代。在大師輩出的年代，許多知名的電影都不需太多用力，或是太重口味。導演講述平淡的故事，演員平靜內斂地出演，就能扣人心弦。例如波蘭斯基（Roman Polanski）的《戰地琴人》（*The Pianist*），或是史蒂芬史匹柏（Steven Spielberg）的《辛德勒的名單》（*Schindler's List*）。

孫翔宇是一所國中校隊的長跑運動員。平時訓練很努力，成績一直不錯。老師們對他也很看好，認為他能有很大的發展。

再過一個月，地方性的國中聯賽要進行競賽，每間國中有兩個名額，體育老師把其中的一個名額給了他。他開始備賽，在這一個月的時間裡，他刻苦訓練，不斷地增加自己的訓練量。還剩一個星期的時候，他決定將自己的訓練量增加一倍。

到了比賽當天，他卯足了全力往前衝。但還沒跑多久，就覺得到自己的體力已經跟不上了。他只能放下速度，慢慢跑。最終，跑了倒數第一。

很多人並不是自己不努力，不堅持，而是太迫切渴望成功，從而導致自己失去理智，用力過度。而對學習也是這

樣，用力過猛，一下子學習很多，反而吃不透，沒有理解其中的道理，反而讓自己迷茫，堅持不下去。

一位知名大學的高材生說：我們常常持續性的混吃等死，間歇性的躊躇滿志。當我們熱情滿滿地去做一件事情時，往往因為興奮，一下子爆發出巨大的能量，用力學習。然而，過了這個階段，就會像什麼都沒有發生過一樣，還和以前一樣碌碌無為。

凡事欲速則不達，用力過猛不但不能堅持下去，甚至會讓一些計畫胎死腹中。

從前有一個小孩，在他回家的路上，發現了一個蛹。他非常高興，就把它拿回了家。想要親眼看看蝴蝶究竟怎麼從蛹中破繭而出，他觀察了好幾天，終於看到了蛹上裂開了一條縫。可是蝴蝶掙扎了好幾天，都沒有從蛹裡面出來。

小男孩實在是不忍心看蝴蝶這麼難受，決定幫助它擺脫蛹的束縛。他拿起了剪刀，剪開繭，把蝴蝶拿了出來。結果，蝴蝶沒過多久就死了。

小男孩的本意是善良的，但是他卻忘了欲速則不達，事情的發展要經歷一定的過程，跳過了其中的一些過程，用力過度。反而會失去克服困難的力量，直接獲得的成功，往往也不會長久。有很多事是不能透過藉助一時的衝勁而持續下去的。

用力過猛就像我們坐雲霄飛車時的感覺，上下翻滾，極

第六章　精進的祕密，等速前行改變就在每一天

其不穩定，時而情緒激昂，時而情緒低落。心理狀態上巨大的落差，有時會讓我們變得焦慮、空虛、沒有自信。讓我們成為一個急功近利的人，只要我們稍微對生活觀察得細心一點，就會發現，那些剛開始拚盡全力去做一件事情的人，往往會因為用力過猛耗盡了自己的能量，沒有了持續下去的後勁。

相反那些面對事情時，波瀾不驚、從容鎮定、不急也不慢的人，他們雖然沒有猛烈地用力，而是甚至看起來一副滿不在乎的樣子，在時間的流逝下，依靠他們的自律和步伐，走得更遠、更容易成功。

所以說，無論做任何事情，都不要在剛開始的時候用力過度，從而導致後續力量跟不上，讓自己無法堅持下去。我們要慢慢來，一步一步地走，就像爬山一樣，如果剛開始用力過猛，跑步前進，不一會就會沒有力氣再爬上去。而要一步一個腳印，不急不緩地往上爬，總有爬到山頂的時候，當你爬到山頂的時候，你就會感到「一覽眾山小」的美妙感覺。

打卡時代，堅持下來你就是大咖

為了減肥，堅持在運動社團中打卡；為了堅持寫作，在創作平臺上天天簽到打卡；為了提升英文能力，在學習軟體上打卡……

在網路發達的今天，人們之間的交流變得更加方便。透過打卡，一方面是為了向朋友們炫耀，更重要的是透過互相監督，督促自己堅持某一件事情。而大多數人卻堅持了一段時間就選擇了放棄。

原本做好的計畫，比如：健身、寫作、讀書、背英文單字等，可是上班一天，累了一天，回到家裡，又累又困的，想要打卡，也被自己的惰性所壓制，最終選擇了安逸，躺在被窩裡舒舒服服地看會電視劇。儘管有很多朋友出於對我們的關心和監督，打電話告訴我們你今天需要打卡，而你卻推脫說：「明天開始。」這樣一天天過去，實際上卻沒有任何作為。

但還是有很多人在打卡的自我監督和別人的監督下，堅持了下來，並且取得了豐碩的成果。

孫先覺是一個想得多，做得少的人。他為自己定下了一週讀一本書的目標，但是總是到了週末才拿出書本讀一會，知道自己不可能完成，就直接放棄了。

第六章　精進的祕密，等速前行改變就在每一天

有一天，他在網路上閒逛，在討論區發現了一個群組，這個小群組裡面是一群極有上進心的人。他們每天堅持打卡，分享自己的成果。於是，他發表了自己的第一則貼文。之後的每天都持續發表，到現在為止已經收穫了近上萬條回覆，並且獲得了5,000人的按讚。這為他堅持下去提供了極大的鼓勵。

不久，他就遇到了一個百日打卡計畫。他和自己的小組成員一起進行，互相交流。每期都有很好的收穫，到目前為止已經進行了好幾期。參加的人也越來越多，在這期間，很多人都看到了自己的成長：

1. 半年看了50本書
2. 兩個月熟練了新的輸入法
3. 三個月背熟了500個單字
4. 五個月寫完了30萬字的長篇小說

……

任何一項技能的學習都需要時間的支持，並且需要長期堅持，中間不能有太長的時間間隔。這就需要打卡來讓自己每天都有一定的時間去做這件事情，經過不間斷地努力，才會有一定的成果。

當你透過打卡，寫下自己的感受和當時的想法時，內心也會隨之發生改變。心理學上稱為「敘事治療」。在書寫、表達、分享的過程中，就會對自己有更加深刻的了解，情感也

會隨之流動起來，內在的東西就會被悄悄地轉化。這一過程中，你就會發生蛻變。

經過一段時間的打卡並且跟別人分享經驗以後，藏在心裡的話，那些不願意表達出來的想法，漸漸地說了出來。以前那種憋在心裡的壓抑感受，慢慢地釋放出來了。心情也會隨之變得越來越好。這就是能力流動，把自己不高興鬱悶的東西都釋放出來，所產生的負面能量會消失一半。相反把自己開心的事跟別人分享，會增加快樂。

因此，我們要堅持打卡，但很多人堅持不下去。那麼應該怎樣打卡，讓自己堅持下去呢？

一、創辦打卡群組

「能力越大，責任也越大。」在打卡的過程中，如果你只是群組中的一個小成員，你當然沒有積極性了。因為你會覺得，你毫不突出，打不打卡沒有什麼必要。但當你是這個打卡群組的創辦人，你就會有著模範帶頭的作用。主動打卡，並且督促別人打卡。

二、三天打卡計畫

堅持是訓練出來的，不經過訓練，想要堅持下去非常難。因此，不妨讓自己進行一個簡單的訓練，堅持幾個月不

容易。但堅持三天就非常容易，先堅持三天，然後再堅持三天，一個月也就十個三天。慢慢地，堅持三天就形成了一個習慣，長時間的堅持也就變得簡單了。

三、加入一個有懲罰的打卡群組

很多年輕人心浮氣躁，做什麼事情都無法堅持，最重要的原因就是做與不做，自己都不會付出什麼代價，自然也就堅持不下去了。因此，我們可以加一個有懲罰的打卡群組，一天不打卡就會受到一定的懲罰，在不打卡就要付出代價的情況下，就能堅持打卡了。

我們生活在一個打卡的時代，就應該好好利用這一工具，發揮它的作用。堅持打卡，幫助我們提升自己的能力，在未來更具有競爭力。

人生不是競技，無須忙亂地去爭第一

只有戰勝了自己，才能擊敗別人。人生並不是競技，人生更像是一場馬拉松，只有堅持下來，跑完全程才是最後的贏家，才能算真正的成功。

曾經聽過一句話說：第一是一時的，不代表一輩子一帆風順。大多數人都認為，起跑點是最重要的，如果輸掉了起跑點，那麼人生也會輸掉。那些輸掉起跑點上的人，認為自己無法再成功，隨遇而安不求上進。輸掉了起跑點，在以後的過程中還能超越，不要讓自己放鬆，堅持努力下去，有很大的機率會獲得成功。人生充滿了很多未知，成功沒有什麼標準答案。

著名導演李安在年輕的時候，考大學考了兩次都失敗了。迫於無奈只能選擇去讀戲劇科。在當時讀藝專是比較沒有面子的事情，有很多人，讀了很短的時間就選擇重新考試，希望能夠上一般大學。而他卻在家人的支持下，堅持讀完。畢業後，他又赴美繼續研讀電影創作。

一直到他 36 歲時，才終於大放異彩，他的《推手》、《囍宴》陸續入圍了多個大型獎項，從此一炮而紅，最後成為第一位獲得奧斯卡獎的臺灣導演。

第六章　精進的祕密，等速前行改變就在每一天

　　即使我們處於谷底，也不要受到別人的干擾，按照自己的節奏來，一步一步慢慢地走，這才是你自救的路。

　　有些人渴望快速成功，所以他們深信一些教授成功學的人所說的，所謂的那些「學習一小時，成功一輩子」的課程，結果卻沒有成功。

　　成功是不分先後的，無論你處在什麼階段，只要你不放棄自己，並一直努力堅持下去，就一定會成功。努力不一定會成功，但是不努力肯定不會成功。

　　孟宗竹的生長期很長，一開始只會以緩慢的速度成長，到了成長期，它們就會飛速成長，用不了多長的時間就能長到 27 公尺高。

　　先蹲後跳，累積到一定的程度，就會爆發。任何努力都不會白費，有可能短時間看不到成果，甚至還會帶來痛苦，但堅持住，把艱難的那段時間熬過去，就會苦盡甘來。

　　堅持做你喜歡的事情，不要急於取得成功，每天只要堅持有一點點進步就可以了。我們每個人都有責任持續努力，讓自己變得更好。無論何時，感覺自己過得很辛苦的時候，就放慢腳步，慢慢來，但不要放棄，堅持一下。你要相信，你所吃的苦會轉化為力量，幫助你走向成功。你要知道，那些暫時超越你的人，並不一定能夠順利達到終點，而你慢跑也不一定會輸。

如果把人生比作是一場馬拉松賽跑，那麼在比賽的過程中，一時的輸贏對你沒有任何影響，堅持，才能成為最終的贏家。

第六章　精進的祕密，等速前行改變就在每一天

有時候，快就是慢，慢就是快

臺灣著名作家吳淡如曾經說：「最重要的路程應該慢慢跑完，而不是剛開始跑得有多快，跑得過快，用力過猛，提前消耗所有的耐力、毅力，甚至無法到達終點。」

她講過這樣一個故事：在她讀大學的時候，和她一個宿舍的一個女孩，每天都堅持讀日文半個小時，學習的成果很好。她非常羨慕，同樣也有點嫉妒。就決定也開始讀日文，她制定了一個計畫，每天要讀日文兩個小時。她想：我每天讀兩個小時，一定能夠超過她。於是，她就開始堅持每天讀兩個小時日文。堅持了幾天後，她發現自己很難抽出兩個小時的時間，尤其是在她比較忙碌的時候。她覺得很疲累，很快就放棄了堅持。而那個女孩卻堅持了四年，並最終去了日本留學。有些時候，看起來你做得很慢，實際上卻很快。這是因為，你做的時候效率是比較高的，而看起來做得比較快的，反而會沒有效率。這樣看似很慢，實際上卻很快。「欲速則不達」，追求快反而會在慌亂中出現嚴重的錯誤。

在一次奧運的田徑比賽中，兩位被稱為宿敵的田徑選手在比賽中爭奪冠軍。其中一位選手在落後對手時，做出了錯誤的決定，硬是提升速度追上對手，卻在最後一刻因為速度太快，差點跌倒。

有時候，快就是慢，慢就是快

原本很有希望贏得冠軍，卻因為自己盲目地追求快，而最終卻失敗了。一味地追求快速，反而會讓我們變慢。比如：上班族為了趕時間，看到公車來了，就立刻上去，也不看是往哪個方向的。結果車開了好幾站後，才發現自己坐錯方向了。趕快下車，然後再往回坐。

快是需要跟品質相結合的，大量的事實表明，速度和品質是成反比的。許多人在成長的道路上也犯過這樣的錯誤，例如在讀書時講求速度，短時間內就看了很多本書。可是當他看完這些書以後，發現自己什麼都沒學會。最終，不得不重新把這些書慢慢地仔細再研究一遍。

做一件事情，只想快速地得到成果，使自己的利益得到最大化，短期或許能夠如你所願，但這種短期的成果，往往會使你失去長期的目標。最終，不能走得長遠。

孫浩然的頭腦很靈活，當他的好朋友們因為工作經驗不足，只能拿到 25,000 元的薪水時，他就能找到 30,000 元的工作。當他的好朋友的薪資漲到 30,000 元的時候，他已經換了 45,000 元的工作。過了幾年，好朋友的薪資漲到 45,000 元的時候，他的薪資已經是 55,000 元了。

他經常跳槽，一個工作做不到兩個月，就換別的工作。他透過不斷地跳槽，來不斷地讓自己的薪資上升。他的朋友有點羨慕他，但是並沒有人嫉妒他，相反的，他的朋友們都按照自己的節奏來，一直努力著。

第六章　精進的祕密，等速前行改變就在每一天

　　五年以後，他的朋友都成了公司的要員和主管了，拿著月薪資超過八萬元的收入，而他卻還是月薪 55,000 元。當他再一次跳槽的時候，沒有公司再願意要他。

　　不斷地跳槽，讓孫浩然浪費了太多的時間去跟新公司的同事重新建立關係，同樣也浪費了時間在學習新的職位知識上。這樣反而拖累了他繼續成長，當他的朋友在自己的職位上，不斷地進步、發展時，他卻在原地踏步。

　　雖然孫浩然在很長的一段時間賺到的薪水都比他的朋友多，且賺錢的速度快。但是，隨著時間不斷地流逝，慢慢累積下的經驗就變成了財富，幫助他的朋友迅速超越他賺錢的速度。俗話說：「心急吃不了熱豆腐。」追求快速，迫切地希望得到成果，在追求速度的過程中，反而迷失了自我，漸漸地速度也慢了下來。因此，有時候，慢慢來，反而速度會更快。無論在任何時候，都要把眼光放長遠一點，不要局限於當前。堅持做自己的事情，不要停下腳步，最終，走向勝利的，往往是那些慢慢走的人。

把夢想分解成小目標

「我長大要成為一名科學家。」、「我長大要成為一名太空人。」、「我長大要成為一名企業家。」大多數人小時候都會有這樣的夢想，可是長大了以後，才發現這些夢想太大了，不知道該從哪方面入手，也根本不知道該怎麼做，最終只能選擇放棄。

人類一直想要登上月球，這就需要有巨大推進力的火箭，達到一定的速度。要達到這個速度，就必須增加火箭的品質。經過科學家的計算，想要登上月球，火箭的重量需要達到100萬噸。因此，科學家就斷定人類是不可能登上月球的。直到後來，有人提出多節火箭，才解決了這個問題。

從多節火箭的設計概念中，我們就能明白，實現一個夢想，需要把大的目標分解成多個階段的小目標，這樣不但思路變得明確，並且實現起來也比較容易。把目標分解，先實現其中一個，然後，按照前進的步伐，在一步步實現剩餘的小目標的過程中，也會變得越來越有自信。

山田本一是日本的一名馬拉松選手，在一次國際馬拉松賽事上，本來毫無名聲的他，竟然獲得了第一名的好成績。這超出了許多人的想像，於是，就有很多記者在他跑完後，

第六章　精進的祕密，等速前行改變就在每一天

立即來到了他的身邊，問道：「你是憑什麼取得了如此優異的成績呢？」他說：「我是靠我的智慧戰勝了對手。」記者想要了解更多，又繼續問，但是他卻沒有再回答。

後來，他在自傳裡寫道：每次參加馬拉松長跑，我都會提前搭線看一下線路。在看線路的過程中，我會把沿途中比較醒目的標的畫下來。比如第一個標的是銀行；第二個標的是大樹；第三個標的是一棟紅色的房子⋯⋯就這樣一直畫到終點。在比賽的時候，我就會以一定的速度衝過第一個標的，然後接著以同樣的速度衝過第二個標的。就這樣，40公里的路程，就被我一段一段地跑完了。

心理學家也做過類似的實驗，結果跟山田本一得到的結果一樣。心理學家這樣總結道：如果人們的行動有明確的目標，並能夠不斷將行動與目標加以對照的話，那麼他們就清楚地知道自己與目標之間的距離，這樣人們行動的動機就會得到維持和加強，就會自覺地克服一切困難，努力實現目標。

把目標定得過於遠大，反而使我們無從下手，總感覺遙不可及。把目標設定成一個一個小目標，把每個小目標實現了，這些小目標加起來就是一個大目標。

美國有一名牧師，他的名字叫舒樂（Robert H. Schuller）。他有一個夢想就是想要在加州建一座水晶大教堂。他規劃了一個預算，大概需要700萬美元。對於舒樂來說，這就是一筆鉅款，他身無分文。那麼這筆錢就要靠自己尋求別

把夢想分解成小目標

人的募捐。但問題是,想要一下子募得這麼多錢,是根本不可能完成的。接著,他就把一筆700萬美元分成了7筆100萬美元的捐款。經過他的努力還是沒有完成。後來他又改成募集14筆50萬美元的捐款,還是沒能做到。他又改為28筆25萬美元的捐款,緊接著又改為70筆10萬美元的捐款。

透過一系列的劃分後,依然沒有籌集到700萬美元。於是他決定再將自己的夢想劃分為一個一個更小的目標。他決定把700萬美元分為700個1萬美元的捐款。他就以1萬美元為一個小目標,慢慢來募集自己的700萬美元。經過了十二年的努力,他終於募集到2,000萬美元。終於完成了自己的夢想,把水晶教堂建造完成了。建成以後,這個教堂可以容納1萬人。後來這座教堂也成了世界建築史上一個奇蹟,眾多世界各地的遊客慕名前來參觀。

我們往往定下很大的目標,卻因為遙不可及而選擇了放棄。但當我們逐漸地縮小目標,把目標逐漸變為一個一個小目標,這樣實現起來就變得非常容易了。

每個人的夢想都是非常美好的,而想要實現卻並不是那麼容易。在實現的過程中,充滿了無數個未知數。在我們遇到困難的時候,要學會把夢想分解成一個一個小目標,這樣做起來也就有了針對性,同時,也會讓自己的目標變得清晰起來,也容易做,這樣就比較好完成它。把一個個小目標完成以後,夢想也就實現了。

第六章　精進的祕密，等速前行改變就在每一天

成功就是每天進步一點點

哈佛大學的老師常在課堂上對學生說：「成功不是一蹴可幾的，如果每天都能讓自己進步一點點──哪怕是1%的進步，那麼還有什麼能阻擋我們走向成功呢？」

我們都知道揠苗助長的故事，急於讓禾苗長大，把禾苗往上拔，結果第二天禾苗就死了。生活中，也有很多這樣的例子，比如想要升遷，每天拚命工作，每天加班，導致白天上班沒有精神，工作中總是出錯，最後，堅持不下去了。

成功不是很快就能獲得的，是需要一點一點不斷累積才能得到的結果。盲目地追求快速成功，拚盡全力努力一段時間，並不一定能夠成功，甚至是看不到自己有顯著的進步。當急於求成的心遇到失敗的打擊後，美好的希望就會隨之破滅，堅持下去的耐心就會消失，成功再也不會來到。

「希望越大，失望也就會越大。」與其追求不切實際的快速成功，不如放慢自己的腳步，把一天視為一個單位，讓自己每天都進步一點點。相對於讓自己很快就獲得成功，這樣更加務實，也更容易做到。

我們每天進步一點點，堅持一年，就會有很大的收穫。而這只是一年的收穫，如果我們持續堅持下去，五年、十年

呢?那麼將會有不可想像的進步。任何成功的人,都是一點點堅持進步,才取得的巨大成就。不要幻想自己是一個天才,可以什麼都不做就能很快成功。一個人從平庸到優秀再到卓越,往往都是透過一點點進步實現的。

1985 年,帕特‧雷利(Pat Riley)擔任洛杉磯湖人隊的教練,在他的帶領下,湖人隊的各個球員的球技都達到了巔峰。全隊對於這一年的總冠軍勢在必得,但是他們卻在決賽時,意外地輸給了波士頓塞爾提克隊。帕特‧雷利和球隊成員都非常沮喪,他們想不明白為什麼他們會輸。

帕特‧雷利身為湖人隊的教練,每年拿著 120 萬美元的年薪。他要對得起所有人對他的期望,他絕對不會讓自己和球隊成員停滯不前,他要帶領他們從沮喪中走出來,走向成功。為了鼓勵球隊成員,他對球隊成員說:「從今天開始,我們在訓練的時候,能不能讓我們罰籃進步一點點,遠投進步一點點,在每一方面都進步一點點?」

球隊成員聽懂了他說的話的意思,在之後的一年時間裡,訓練中,每位球員始終秉持著讓自己進步一點點的精神,不斷地精進自己的球技。

終於,1986 年湖人隊拿到了總決賽的冠軍。帕特‧雷利在球隊獲得冠軍的時候,對自己的球員說:「我們的成功不是偶然的,我們 12 位球員在過去的一年中,在 5 個技術環節上,都進步了 1%,球隊的每一個成員就進步了 5%。我們全隊就相當於進步了 60%,本來我們的球隊已經處於巔峰了,又提升了 60%,那麼我們拿冠軍就是必然了。」

第六章　精進的祕密，等速前行改變就在每一天

　　成功離我們並不遙遠，同時成功也並不是那麼容易的。即使我們已經很強大了，也要不斷地堅持每天要有一點點進步，不進則退。每天進步一點點看起來不痛不癢，似乎感覺不到有任何變化，但是一旦累積到一定程度，就會出現爆發。

　　一個小男孩參加了足球隊。從教練的口中，媽媽得知：小男孩的技術不是很好，頭錘基礎基本上為零，最重要的是他跑得很慢。回到家中，小男孩很失落地告訴了媽媽這些事。媽媽只是說：「你不必與那些非常優秀的人比，你只需要堅持每天進步一點點，超過你前面的那個人。」

　　小男孩謹記媽媽對自己說的話，每天都練習跑步和頭錘。每天的成果並不是很大，但是小男孩總能做到每天進步一點點。終於到了比賽時刻，在這場比賽中，小男孩所在的隊伍落後，小男孩想起了媽媽說的話，終於他超越了自我，頭錘射門，球進了，他幫助球隊贏得了勝利。隊友們也為他高興，為他歡呼。比賽結束以後，他飛快地跑到媽媽身邊，擁抱了媽媽。

　　面對夢想，每個人都沒有捷徑可走，我們能做的就是一步一步走，一點一點進步。教育家蘇霍姆林斯基（Vasyl Sukhomlynsky）也曾說過：戰勝自己是最不容易的勝利！每天進步一點點，讓自己每天都戰勝昨天的自己，永遠行走在超越自我，前進的路上。不斷進步的自己，會讓你看到希望，堅持做下去，當你擁有足夠的力量以後，成功也會隨之而來。

舒張有度，像心臟一樣工作

每當有名人才子因癌症病逝，人們都在感嘆世界上失去了一個優秀的人才，而又有多少人去關注他們是因為什麼得了癌症。有些人工作狀態過於緊湊，時常熬夜，有時連上廁所的時間都沒有。

生活中這樣的案例還有很多，有知名企業家因為過度勞累，不到 40 歲就因病去世；有人在工作時因過勞暴斃；也有年紀輕輕的商家老闆，因為熬夜過勞猝死⋯⋯這些因為勞累過度而導致的死亡，時時刻刻發生在我們身邊。

古代著名的思想家老子曾說：「揣而銳之，不可長保。」這句話的意思就是，如果你把鐵錘打磨得非常鋒利的話，是不可能保持太長時間的。高強度的工作，往往會誘發身體上的各種疾病，特別是長時間處於過於疲勞的工作狀態。人的身體承受能力也是有限度的，一旦超過了這個限度，就會發生破壞性傷害。

用自己的健康去換取工作時間，這種做法是相當愚蠢的。在長時間的工作過程中，人們往往會承受心理和生理的壓力，在這種壓力之下，身心都會感到疲憊，同時也會自發地產生抵抗。這時，人們往往需要花更多的時間去與之抗

衡，這就消耗了人們的精力。在堅持做一件事情時，往往會出現效率下降，甚至是效率極低的情況。反而要花更多的時間去做這件事情，在這樣惡性循環的情況下，事情會變得越來越糟，讓人們陷入惡性漩渦中，無法自拔。

想要跳出這個惡性漩渦，就需要保持健康的工作狀態，學會張弛有度，放鬆與緊張相結合，就如跟我們心臟工作一般。

人的心臟是身體中最重要的器官，它的跳動是維持生命的必要條件。人的心臟每分鐘大約跳動 60 至 100 次，因此，心臟每跳動一次的時間是 0.9 秒。這 0.9 秒的時間中，收縮期為 0.3 秒，舒張期為 0.6 秒。也就是說，心臟工作的時間占 2/3，休息的時間占 1/3。那麼在白天，心臟工作的時間相當於八小時，休息的時間相當於四小時。到了晚上，心臟的跳動是每分鐘 50 次。

這就是心臟的「智慧」，它透過工作、休息不斷地結合，不斷地工作下去。如果我們也能像心臟這樣，讓工作和休息完美地結合起來，那麼我們將工作更長的時間，取得更大的成就。

一名創業者創立了管理顧問公司，在創業之初，他深知要成功就必須搶到好的客戶，一定要拚盡全力。他也花了很大的功夫，為了搶到好客戶，每天工作十五個小時，凌晨一兩點下班對他來說是再正常不過的事。

有一次，他為了搶下一個很好的案件，晚上他就和分析

舒張有度，像心臟一樣工作

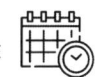

師一起守在辦公室裡面，並且傳訊息給下屬，告訴他們一定要陪他拿下這個案子。

經過十年的努力，他先後投資了多個成功的新創公司。成功的他深知，不應該把自己所有的精力全部放在工作上。他認為，無法把生活過好的人，從長遠來看根本不可能把事情做成功。

他曾經說：人要努力工作，用力生活，他還帶領公司員工一起實行這個價值觀。他說創業是長征，不可能一夕之間成功，創業者應該要適當留出時間放鬆。

他在公司內舉行音樂節，邀請樂團、歌手演出。也是在這一年，他帶著團隊到處出遊、騎車，拜訪了世界上多個名勝景點。

想要長期、健康、有精力地工作下去，就要勞逸結合，既有緊張工作的時間，又有合理放鬆的時間。這樣張弛有度地工作，可以使我們的身心都放鬆下來，避免因為緊張和疲勞導致工作效率下降，讓身體長時間處於精力旺盛中。不僅能夠提升工作效率，而且能夠感受到奮鬥過程中的快樂。那麼我們怎樣才能知道什麼時候該放鬆，應該怎樣放鬆呢？

一、記憶力下降，多休息、多鍛鍊

當我們發現近期出現記憶力下降，這說明，目前身體受到諸如：熬夜、疲憊等影響，需要進行調整了。此時，我們

第六章　精進的祕密，等速前行改變就在每一天

可以選擇增加自己的睡眠時長，適當運動，讓身體放鬆，堅持一段時間以後，記憶力就會逐漸恢復了。

二、視力變差，放下電子設備，多出去走走

我們感覺到視力變差的最主要原因就是長時間盯著螢幕，導致視覺疲勞，進而損害自己的視力。這時我們可以選擇的放鬆方式是放下電子設備，比如：上班時間沒有辦法避免看螢幕，那麼下班以後就要減少，甚至是不要再看電子螢幕了。多去走走，看看遠方，讓自己的眼睛放鬆。

三、頭暈和頭痛，聽些音樂、多和朋友聊天

頭痛是我們長時間思考，大腦長時間處於高度緊張的狀態下導致的。這就需要放鬆我們的大腦，放鬆大腦時，我們可以選擇聽一些音樂，特別是輕音樂。音樂對於大腦有很好的調解作用，另外還可以跟朋友聊天，訴說心中的鬱悶，加上朋友的開解，不乏其中一些幽默的話，讓我們笑出來，這樣就能達到放鬆的效果了。

舒張有度，讓我們像心臟那樣工作，既持久，又有力量。

按照自己的節奏努力

一天，一名女子送她的閨密去機場。由於她們兩個花了太多時間逛街，去往機場的時間十分緊繃，在行駛的過程中，她的閨密不斷地催促說：「妳能不能快點啊。」她聽到後立刻用力踩油門，當車速不斷飆升後，她害怕了，平時從來沒有開這麼快過，最後，她不得不停下來，讓閨密把車開到機場。

在我們的日常生活中，還有很多這樣的例子，比如自學英文，你背單字喜歡一個一個背，一個單字總是讀好幾遍，反覆記憶，直到記住以後，才進行下一個。突然你的朋友告訴你，不要用這種方法，要一次讀 100 個單字，多讀幾遍就能記住了。可是你試了好幾遍後，發現無論連續讀多少遍還是記不住。

這就是節奏不一樣。每個人做一件事情都有自己的方法和節奏，這種方法和節奏是個人經過長期的實踐累積，而找到的適合自己的方法和節奏。按照這樣的方法和節奏，我們做起事情來，就會變得自然，慢慢進行下去也會有收穫。

但很多人在看到別人的節奏後，會驚羨別人的節奏，並受到影響，開始放棄自己的節奏，按照別人的節來，期望得

第六章 精進的祕密，等速前行改變就在每一天

到和別人取得一樣的結果。有一位女實況主，由於比較早入行，並且自己也有自己的特色，透過自己的努力，成了特定遊戲實況的一姐。但隨著另一個同類型遊戲的興起，大多數實況主開始進軍這款新遊戲。她也開始動搖，原本直播得好好的她，放棄了原本的遊戲，選擇投入新款遊戲的實況。結果，還沒有過多久，人氣就變得大不如前了。她自己也非常後悔當初放棄了原本的遊戲，轉而跟風做新遊戲的實況。

打破我們原本自己的節奏，為了跟風或者羨慕別人的節奏，從而放棄自己的節奏，最終卻並未取得較好的效果。究其原因：一是別人的節奏不適合你。二是當你突然改變了自己的節奏，去轉向另外一個節奏，前期會變得非常不適應。

有一家麵店已經營業了十幾年了，雖然說店鋪不是很大，但生意卻一直很好。這家老闆獨自經營，只僱用了一個服務生。這家麵店不但麵做得好，最好吃的還屬餃子。

因為老闆是一個人既當老闆，又當廚師。每天的時間有限，因此，每天只賣200個餃子，賣完就沒了。但是，很多人每天爭搶著去吃他的餃子。後來，有一個顧客問：「老闆，你們家餃子做得這麼好，怎麼每天都只賣這麼少呢？你看人家的店鋪都是越做越大，僱的人也越來越多，有很多都開起了連鎖店，你怎麼不多聘點人呢？這樣我們每天不用搶，都能吃到你做的餃子。」

老闆說：「我這是小本經營，資金並沒有那麼充足，一時

按照自己的節奏努力

還沒辦法僱很多人。雖然說速度快可以讓我多包一些餃子，但那會耗費我很多時間，這樣我就不能保證品質，也會砸了招牌，一旦招牌砸了，就不可能再做大了。現在我已經累積了這麼多的顧客，以後時機到了我也會擴大經營的。」

每個人成功所用的時間是不同的，有的人所用的時間很短，而有的人所用的時間則會比較長。而對於成功最重要的還是要按照自己的節奏來。就像麵店的老闆一樣，保持自己的節奏來包餃子，如果他不按照自己的節奏，仔仔細細地包好 200 個餃子，而是講究數量，一天包 2,000 個餃子。數字是提升了，在短期內或許能夠賣出去，並且賺到很多錢，但時間一長，顧客發現餃子沒有以前好吃了，當然也就不會去吃了，這樣好不容易建立起來的顧客，就要流失了。

按照自己的節奏走，速度不一定快，甚至是比較慢，但這才是最適合我們的，只要堅持下去，就一定會取得應有的成就，最終也必將成功。

第六章　精進的祕密，等速前行改變就在每一天

第七章
將自律堅持到極致，再小的事也值得被認真對待

第七章　將自律堅持到極致，再小的事也值得被認真對待

只有做好小事，才能成就大業

週末，一位母親把自己的兒子關在房間裡，告訴他：「把房間打掃乾淨才能出門。」母親一走，他就開始讀書，他讀完了一本又一本。母親回來後，問他：「你為什麼不打掃？」兒子說：「我長大了要當一個作家，這點小事不值得我去做。」媽媽說：「連打掃都做不好的人，將來能成就大事業嗎？」男孩沉默地低下了頭……

社會中，有很多和故事中的兒子一樣的人，往往覺得一件小事根本就不值得去做。時常是被這句話誤解了：「做大事者不拘小節」，這裡所講的不拘小節，指的是不拘泥於繁文縟節，並不是不做小事。我們之所以不想去做小事，是因為覺得大事情做起來會受到眾人的關注，並且做好後會受到很多人的崇拜。而小事即使做好了，也沒什麼，自己也不會有所提升。

但很多成功的機會往往藏在小事之中，大多數人就是因為有小事不值得去做，做了也不會對自己有任何幫助的想法，導致失去一個好機會。機會總是留給那些有準備的人，他們往往能看到一件小事堅持做下去的價值，從而選擇做這件事情並且堅持做下去，最終，得到意想不到的成功。

只有做好小事，才能成就大業

日本人源太郎失業以後，在一次偶然的機會下，從一名美國軍官那裡學會了擦皮鞋的本領。這讓剛剛失業的源太郎感到興奮，他越擦越覺得自己越喜歡這個工作。漸漸地，他就迷上了擦皮鞋。他非常謙虛並且愛學習，千方百計地找人請教。每次遇到擦皮鞋的人，總要停下來向人家虛心求教。就這樣，在一天天的學習和摸索之後，他的手藝已經非常精湛了。

他獨自總結摸索出了一套擦鞋方法，他的方法是：不用鞋刷，改用棉布，他把棉布繞在自己的食指和中指上。就這樣擦，當他把鞋擦好以後，瞬間讓失去光澤的舊鞋煥然一新。他為了讓自己能知道皮鞋的品牌和產地等知識，他會時常到高級百貨的鞋子專櫃參觀。他還會在大街上仔細觀察人們走路的姿勢。慢慢地，他的職業修養變得非常深厚。只要有人從他身旁走過，他就能知道這個人穿的皮鞋品質如何，產自哪裡。最神奇的是他還能看出這個人的健康狀況。

很快，他的技術已經傳播開來了，很多知名的旅館、飯店的老闆都聽說有這樣一個人。東京有一家四星級飯店經理請他去專門為飯店的顧客擦鞋，他同意了。當他到了飯店工作以後，令人吃驚的是，演藝界、文化界、商界甚至是政界的許多名人都來住這家飯店，原因很簡單，就是想要源太郎的服務。

做好一件小事其實並不容易，長時間堅持更難。有太多的人之所以認為一件小事容易好做，是只停留在能做，並不代表能真正做好、做精通。正是源太郎的堅持才把擦皮鞋做成了一項高級服務，甚至是一項藝術。而大多數人就算是願意去做，也是為了能做，把它當作是一項簡單的服務一樣。

第七章　將自律堅持到極致，再小的事也值得被認真對待

因此，能做，並不代表著做好。想要做好還要經過堅持並不斷地進行思考和探索。

日本有一家製造牙膏的公司，名字叫獅王。公司中有一名普通的員工。在他平時用自己公司生產的牙膏時，發現如果刷牙的時候太用力或者速度過快時，就會使自己的牙齦出血。當他發現這個現象後，就與同事分享。同事們很不在意這件小事，都認為這是一件很平常的小事。根本就沒有人去對它有太多的關注。

他決定自己找出原因，並且找到解決方案。於是他利用自己的業餘時間，對牙刷進行試驗和研究，剛開始的時候，他透過改變材料的硬度，以及透過放慢刷牙的速度來解決，可是效果並不理想。後來，他拿牙刷在自己的手上一直刷，感覺手上有疼痛感。於是，他拿放大鏡來看，他看到牙刷的頂端是四方形的，他想：如果把它改成圓形的不就可以解決這個問題了嗎。

他就把這個現象和解決方案告訴了公司的主管，得到了認可。經過改進後的牙刷，得到了顧客的認可，銷量也明顯上升。

發現有價值的小事，需要我們從身邊找起。不要因為發生在身邊的小事不重要，而去忽略它們。注重觀察身邊發生的小事情，並且對其進行深入的思考，這樣我們才能發現其真正的價值，把發生在身邊的有價值的小事做好，也就能成就大業了。

長期堅持跑步的人，最後都怎麼樣了

社群平臺中，有許多貼文都是在晒自己今天跑了多少公里，漸漸地跑步也成了一種時尚。很多朋友一見面，就會對對方說：「今天你怎麼跑這麼短，看看我都跑了 5 公里了。」

人們越來越津津樂道於談論跑步，由此可見人們對於健康的追求。健康是保證我們長期持久工作的前提，沒有這個前提，我們將失去一切。因此，不僅僅是普通人愛好跑步，那些成功人士更加喜歡跑步並長期堅持下去。

有一名成功的企業家是跑步愛好者，無論是閒時還是忙時，他總是堅持跑步。給予自己的任務是，每天堅持跑 6 到 10 公里，無論在哪裡他都跑。平時在幾個公園裡跑步，出差到哪裡，他都帶著自己的跑鞋，在出差地跑，並且經常在自己的社群中分享他的跑步經歷。

他曾經說：有空時跑步，是因為有時間。沒空的時候跑步，可以紓解壓力。開心時跑步更開心，難過時跑步則能讓人得到好心情。

他總是很早就起床，起床以後跑完步後，就充滿能量地投入工作中。

第七章　將自律堅持到極致，再小的事也值得被認真對待

跑步是一種非常好的紓壓方式，同時跑步還能幫助人們思考。

臉書創辦人馬克‧祖克柏（Mark Elliot Zuckerberg）曾經許下了一個新年願望，他希望能跑 365 英哩，並且每天都不間斷。

他曾經說：「跑步能夠讓他理清思緒，獲得更多的精力，以及找到時間思考。」會思考才能找到更好的方法解決問題。有時候，有一些比較難解決的事情，並不是你花很多時間就能解決。跑步放鬆一下，讓自己在跑步的過程中思考，反倒能思考出更好的解決方法。

有很多人剛開始跑步是為了健康，但當他們堅持跑步一段時間以後，他們就會有更深入的思考，進而得到不一樣的想法。

當覺察到自己的身體已經發福以後，股神巴菲特意識到如果不控制住體重，那麼肥胖對自己的健康就會產生巨大的威脅。於是，他決定從現在開始跑步，用跑步來控制自己的體重。

堅持跑了一段時間以後，他漸漸地發現，跑步除了能夠控制自己的體重，而且跟自己的工作有著很重要的關聯。他認為跑步不需要跑得很快，只需要有一定的毅力能夠堅持下去就行。長跑與投資是一樣的，要長期忍受枯燥的過程，並

且控制住自己的欲望。

巴菲特將跑步融入自己的企業文化中,透過將跑步與投資相結合,創造出不一樣的企業文化。並且他挑選接班人時,把長跑視為一項重要的指標。

村上春樹說:「在我迄今為止的人生中養成的諸多習慣裡,跑步恐怕是最為有益的一個。由於三十多年從不間斷地跑步,我的身體和精神大致上都朝著好的方向得到強化。」美國作家喬伊斯・卡羅爾・奧茲(Joyce Carol Oates)曾說:「穿梭在玉米地中,微風吹過,我聽見玉米葉在頭頂沙沙作響,奔跑在農家的大街小巷,還有懸崖絕壁⋯⋯」

堅持跑步成了眾多人所喜愛的事情,而我們也清楚跑步能給我們帶來眾多的好處,並堅持了一段時間,但最終卻沒有堅持下去。那麼我們應該怎樣做,才能夠堅持跑步呢?

一、從 100 公尺開始

在生活中,我們往往會嘲笑那些把目標定得很小的人,而羨慕那些有大目標的人。最後,我們看到的結果卻是,有小目標的人堅持下去並實現了目標,快樂滿滿。而那些有大目標的人,則堅持了一段時間看不到結果就放棄了,轉而把目標變得小一點。

堅持跑步跟立定目標一樣,先設定 100 公尺,因為這是

非常容易實現的。即使我們非常累，什麼也不想做，相信還是能跑 100 公尺的。當堅持了一段時間以後，形成了習慣，也就會堅持跑不了。

二、跑完以後，為自己存 50 塊錢零用錢

給自己小小的鼓勵，往往能讓自己有力量堅持下去。在堅持跑步的過程中，當我們完成了一天的跑步量後，為自己拿出 50 塊錢零用錢存起來。等我們完成得足夠多的時候，我們就可以看出我們已經完成了多大的成就。

三、和堅持跑步的同事一起跑

一個人做一件事，很容易感受到孤獨，從而很難持久地堅持下去。而和別人一起，則會增加自己堅持下去的機率。和堅持跑步的同事一起跑，幾個人可以邊跑邊說話，這樣就能讓我們愛上跑步這件事。

不管我們最初跑步的原因是什麼，在堅持跑步的過程中，會讓我們感受到來自靈魂的感悟。而跑步本身就具有它的美，堅持跑步讓我們的身體更健康，更有毅力，更有精力。

林清玄的目標：每天堅持寫 3,000 字

　　林清玄在 30 歲之前，拿遍了臺灣所有的文學獎項，可是很少有人知道他小時候的事情。他出生在高雄的一個貧窮的家庭。有一次，父親問他：「你長大了想做什麼呢？」他對父親說：「我想成為一名作家。」父親反問他：「什麼是作家？」他告訴父親：「作家就是自己坐在家裡面寫文章，然後把自己寫的文章寄出去，就會有人給你錢了。」父親狠狠地打了他一巴掌，告訴他哪有那麼好的事情。

　　然而他並沒有聽父親的話，從小學三年級開始，每天堅持寫 500 字，無論是遇到什麼情況都不會改變。18 歲他發表了第一篇文章，從此以後，他每天堅持寫 3,000 字，這一堅持就是四十年。

　　他堅持讓自己每天寫 3,000 字，不是為了發表獲得酬勞，而是為了練筆。他曾經說：「寫字是一個等速前進的工作，需要不斷地重複累積，才能突破，他不會放縱自己。」

　　另一位作家起初也是一個普通人，現在已經成了一名知名作家。她說過一句話：下班後的時間會決定你成為什麼樣的人。

　　她在上大一的時候，一次偶然的機會，買了一本「雞湯

第七章 將自律堅持到極致,再小的事也值得被認真對待

書」,從此改變了她的一生。上班以後,她開始堅持寫作到晚上兩三點,每天寫 1,500 字。那時候還沒有社群平臺,就每天在部落格上寫。剛開始寫的時候,父母和同事都不支持她。

可是她卻不在意別人的看法,一直堅持了十年,寫了上百萬字。

漸漸地她的文章開始有一定的觀看數,隨著時間流逝,她的文章觀看數超過了百萬。她開始出書,還得到了名人的推薦,漸漸地出了名,成為了作家。

現在我們大多數人都堅持不了每天寫作,是因為根本沒有找到自己的動力。下班以後,不知道自己應該做什麼,躺在床上開始玩手機、滑滑社群平臺、滑滑通訊軟體,然後再和朋友們一起玩玩遊戲。這只是為我們不努力、不堅持找一個藉口,我們要區分出什麼是身累,什麼是心累。忙和身累都不是阻礙我們成長的藉口。真正的心累是自己不努力,還浪費了自己的時間。

當我們浪費了時間在放鬆上,就會感到迷茫,不知道自己應該做些什麼,感覺到自己前途迷茫。從而繼續為浪費時間找藉口,偶爾的心血來潮,堅持在網路上發表幾篇文章,就想要迅速提升知名度,這樣急於求成的想法終究會落空。當受到別人的指責後,就放棄了,最終一事無成。

如果你愛好寫作,就不要藉口自己工作太忙,沒時間。時間都是擠出來的,下定決心去做,就會有時間。

但如果強迫自己每天寫東西,很可能陷入無東西可寫的境況。不妨從寫日記開始,日記不需要刻意設定主題,只要記錄當時的生活事件和心情就好。但是,寫日記也需要足夠的思考時間,去找最恰當、最符合自己情緒的詞來記錄,長期下來,寫作能力就會隨之提升。

一個網友已經堅持寫日記二十年了,無論每天遇到什麼情況,他總是把自己的所見所想寫到自己的日記上。有一天,表哥就好奇地問他:「寫日記有什麼用,為什麼要一直堅持寫日記呢?」他向表哥講述他的感受和收穫。

他說:「寫日記讓他變得越來越好。曾國藩曾經在他的日記中罵過他自己,而我也在自己的日記中罵我自己。一個人可以很輕鬆地戰勝別人,可是卻很難戰勝自己。之所以難以戰勝自己,是因為自己即使做錯了,也會因為自尊而不願意承認。而寫日記就不一樣,自己寫出來的只有自己知道。因此,寫出來就等於跟自己的內心進行交流,是一種對自己的反思,並且日記督促我不斷地成長,讓我越來越好。」

接著他又說:「堅持寫日記,讓我的情緒得以釋放。在生活中,我會遇到很多讓我失望、傷心的事情,情緒就會非常低落。而我會把這些都寫到日記裡。只要我把它們都寫到

第七章　將自律堅持到極致，再小的事也值得被認真對待

日記裡後，瞬間我就會有一種釋放的感覺，覺得自己一身輕鬆。」

「寫日記讓我有時能夠突然得到靈感。在堅持寫日記幾年以後，我發現思考多了，突然會有一種突如其來的靈感。而只要靈感一來，我就會立刻記錄下來。從中我也因此受益頗多。

「寫日記提升了我的寫作能力。剛開始的時候，寫日記只是簡單地用很直白的語氣記下一天發生的事情，甚至有時候，都感覺沒有什麼可寫的，後來一步步堅持之下，現在寫日記，不僅能夠記事，還能夠使用優美的語言。」

寫作並不是一件很難堅持下去的事情，只需要遵循一定的方法，就能讓我們輕鬆地堅持下去，當我們堅持了一段時間以後，就一定能夠看到不一樣的自己。

一、寫娛樂後的感受

我們之所以堅持不下去寫作，大多數都是因為沒什麼可寫的。而解決這個問題的最好的辦法就是從生活中去尋找材料，而我們的空閒時間多數人都是會以娛樂為主的，比如玩遊戲、追劇、看電影等。那我們就可以寫這些，寫一些影評，玩遊戲的感受等。這樣我們不僅得到了放鬆，而且有大量的材料，也就會堅持寫下去了。

二、買一本很貴的筆記本

　　沒有失去就體會不到失去的痛苦，之所以堅持不下去，是因為我們會感覺今天不寫對我們也沒有什麼損失，這就讓我們心安理得地不去寫了。如果我們花很多錢買一本很貴的筆記本，一天不寫就要撕掉 5 頁的話，當我們感受到損失以後，肯定能堅持寫下去。

　　林清玄堅持每天寫 3,000 字，成了臺灣知名的作家。我們也堅持每天寫作，即使成不了作家，對我們也是有很大的收穫的，比如：訓練我們的毅力；提升我們的寫作能力；讓我們變得觀察事物更細心等。所以，每天堅持寫作吧。

第七章　將自律堅持到極致，再小的事也值得被認真對待

那些成功減肥的人，是怎麼堅持下來的

我們的社群貼文等社交圈，經常會看到很多朋友、親人、同事等發一些諸如：「減肥第一天」「從現在開始，拒絕邀請，堅持減肥。」、「今天晚餐一個蘋果，我要開始我的減肥大業了，加油，加油。」等這些減肥的口號，並有很大一部分人行動起來。

但一段時間以後我們跟他們見面，卻絲毫沒有看出他們瘦了多少，有的甚至是比以前還要胖。為什麼我們把減肥的口號喊破了，最後也沒能堅持下來呢？

珍・尼德奇（Jean Nidetch）是美國著名體重管理公司的創始人。她1923年出生於紐約布魯克林。1942年，她的父親去世後，就放棄了學業，開始工作。她先後在家具公司、出版社和國稅局工作過。

在她年輕的時候，喜歡吃一些高油脂食物，她最愛吃的就是肉。在她38歲那一年，體重已經達到了97公斤左右，於是她下定決心減肥，來到醫院以後，醫生提供了她一些方法：每餐都要吃，一週內至少要吃5次魚，每天吃兩片麵包，喝兩杯脫脂牛奶，盡量多吃蔬菜和水果。

按照醫生的方法，她第一週就減掉了4公斤。但她對醫生的方式感到不滿，從此以後，她開始自行召集減肥者進行

聚會。後來在朋友的鼓動下開了這家公司,她強調在減肥期間個人的責任感和體育訓練非常重要,並且應該多吃魚。

Lady Gaga是一位非常成功的美國歌手,在世界都有很大的知名度。為了保持自己的身材,她自己擁有一套很嚴格的飲食和訓練計畫。但是,有一年的夏天,她的體重卻增加了25磅(1磅 = 0.45公斤)。她體重的增加迅速引起了熱議,為了即將發行的新專輯《ARTPOP》,她堅持運動,終於減掉了30磅。

採訪時,她說:「我真的很愛這張專輯,之所以喜歡是因為它幫助我在健身房減掉了30磅。」她不但遵循自己的飲食計畫,還練瑜伽,另外還持續跑步和進行力量訓練來健康減肥。

美國著名歌手希拉蕊・朵芙(Hilary Erhard Duff),在2012年生下兒子後,她的體重暴增了50磅。在她減肥的過程中,並沒有給自己太多的壓力,但是她也承認這是一段非常艱辛的奮鬥歷程。

後來她在採訪中說:「我從來沒有失去過那麼多,我花了一段時間才找到了精神上的動力。我很享受在家和寶貝在一起的時光,我對他並不嚴格。」

隨後她改變了自己的飲食習慣,並且開始向健身教練學習拳擊,她的體重很快就減下來了。

我們之中的很多人無法堅持減肥計畫,一是因為自己所採用的方法不正確,不適合自己。二是心中沒有必須堅持的

第七章　將自律堅持到極致，再小的事也值得被認真對待

強大理由。只要克服了以上兩點，我們就能夠把減肥這件小事堅持下來，那麼我們究竟應該怎麼做呢？

一、把自己減肥的動力寫出來，放到經常能夠看到的地方

動力可以促使我們永遠堅持下去，沒有動力自然也就放棄了。因此，找到我們減肥的動力非常重要，這在相當程度上決定著我們是否能夠堅持下去。這個動力一定要明確，並不需要太大。比如我減肥是為了比誰苗條。就是這樣簡單真實的理由，能夠促使我們堅持下去。

找到了動力後，把它寫出來，並放到我們經常能夠看到的地方。時刻提醒我們要達到這個目標，這樣內心就會有源源不斷的動力。

二、控制自己美的花費

飲食是影響體重的決定信因素，長時間的暴飲暴食或者吃高油脂的食物就會導致肥胖，因此，控制飲食最重要。控制自己的每天的花費，這樣就不能時常買那些高油脂的食物了，減肥的效果就會變得明顯，每天都能感受到體重的變化，當然能夠堅持下去。

三、和朋友一起報名健身房，並互相較量

俗話說：「沒有競爭，就沒有進步。」我們每個人天生都有一顆好勝心，誰都不願意輸給別人，在不斷地競爭中，透過彼此不斷地較量，你超我趕，慢慢地就堅持下來了。

那些成功減肥的人，不僅讓自己變得更加有魅力，更重要的是在減肥的過程中形成了堅持計畫的好習慣，形成這個好習慣後，做任何事情都不會放棄，堅持下去就一定能收穫一份屬於自己的美好。

第七章　將自律堅持到極致，再小的事也值得被認真對待

每天堅持讀書，是怎樣一種感受

古代著名的理學家程頤說：「外物之味，久則可厭；讀書之味，愈久愈深。」意思是各種事情做得時間長了，使用的時間長了，就會感覺沒什麼意思了；而讀書這件事情則是越讀越有意思。

現在生活中充滿著各種誘惑，有一些人讀書安不下心，因為一時衝動，拿來一本書讀幾個小時。漸漸地熱情褪去，也就不再讀書了；有一些人堅持一段時間後，工作、學習一忙就放棄了；還有的人希望提升自己的知識涵養，強迫自己去讀書，堅持讀一段時間後，發現沒有太大的收穫就放棄了。

讀書是一個慢慢累積的過程，不能一蹴而就，指望著堅持讀一兩本書就可以成功，這是絕對不可能的。在現實生活中，根本不可能像武俠小說中的那樣，只要我們得到了一本失傳已久的武林祕籍，讀完就可以成為第一。

那些為了打發無聊的時間，而去讀書的人，看著是讀了很多書，實際上「營養」不了自己；那些為了能夠迅速掌握某種技能，而去突然幾天就看完好多書的人，會因為自己不能消耗掉而使自己「撐死」；還有一些人總是去讀一些網路上沒有營養的文章。這些都不能讓我們長期堅持閱讀習慣，只有

好的閱讀習慣，使我們真正得到知識和收穫的書，才能促使我們不斷地堅持閱讀下去。

著名作家三毛曾說：「讀書多了，容顏自然改變，許多時候，自己可能以為許多看過的書籍都成過眼煙雲，不復記憶，其實它們仍是潛在氣質裡、在胸襟的無涯，當然也可能顯露在生活和文字中。」

曾國藩也曾對自己的兒子說過：「人之氣質，由於天生，很難改變，唯有讀書則可以變其氣質。」

我們讀過的書，雖然不能很快顯現出來效果，但它會潛移默化地改變你的氣質。只要你不放棄閱讀，堅持下來，就一定會有所收穫。

著名作家余秋雨說：「讀書的最大理由是想擺脫平庸。」

英國一位52歲的男子愛德華在網路上爆紅。原因是他本來是一名流浪漢，但是卻被世界著名的英國劍橋大學錄取了。

他年輕的時候，離開了利物浦前往劍橋工作。由於他很早就輟學了，不容易找到工作。因此不得已之下，他長期留宿街頭，只能靠賣一些雜誌維持生計。但他熱愛文學，一直想攻讀英文學士學位。在無家可歸的日子裡，他利用自己的空閒時間去圖書館或者是慈善商店，拿起書籍讀。日子雖然艱苦，但他沒有放棄自己的追求，依舊堅持讀書和鑽研，並最終獲得了劍橋准入認證機構CAVA的認可，授予他傑出學術成就獎。

第七章 將自律堅持到極致,再小的事也值得被認真對待

透過他不斷地努力,終於實現了他的夢想,進入劍橋大學攻讀文學學士。

我們需要堅持閱讀,當我們在迷茫時更應該這樣。閱讀能讓我們知道許多道理,幫助我們脫離愚昧和無知,走向文明和偉大。書中的智慧和觀點是作者經過經歷和教訓總結出來的,當我們去閱讀和體會的時候,就能獲得啟發和知識。透過不斷地閱讀,得到的啟發和知識越來越多,我們的能力和視野也就會越廣,我們就能擺脫平庸,走向成功。

閱讀看起來是一件很簡單的事情,但做起來卻是一件很難的事情,堅持下來則更加不容易。我們現在閱讀的管道越來越多,閱讀也變得越來越方便,下載一個閱讀軟體就能隨時隨地閱讀。閱讀方便了,但堅持下來的卻不多。因此,要學會一定的技巧和方法幫助我們堅持閱讀,只有堅持閱讀,慢慢累積才會有大的收穫。

一、及時回饋式閱讀

很多人都會很急躁,做了一件事情就想要立刻看到結果。但閱讀並不會及時地給予你回饋,閱讀需要長期的累積,成果才有可能明顯地表現出來。因此,我們就需要自己建立起一個及時的回饋機制,比如讀完一章或者讀的過程中發現一個好句子,就可以摘抄出來,寫一下感受分享到社群

中和討論社團等網路交流平臺，這樣就可以和別人互動起來，並得到別人的認可和鼓勵。這樣閱讀起來就有了動力和目標了，也就比較容易堅持下來了。

二、碎片化閱讀

很多人都抱怨本來想要堅持天天閱讀的，但是真的沒有時間，也很無奈。其實並不是沒有時間，而是沒有完整的時間，而零碎的時間很多，我們可以充分利用這一部分時間。

零碎的時間也有長短，比如下班的時候，我們有通勤時間。等公車有十分鐘的零碎時間。我們要會合理利用，比如我們閱讀一本書，可以把一章分為一個閱讀單元，還可以把5段分為一個閱讀單元。空閒時間超過一個小時，以章節為單元，空閒時間不超過半個小時，以5段為一個閱讀單元。

當然，不同階段的閱讀興趣是不同的，我們也可以進行細分。比如等公車的時間我們心裡著急，此時就可以讀一些勵志類的書。晚上有充足的時間了，就可以讀一些技術類的書。

三、設定讀完一本書的時間

設定讀完一本書的時間，感受到時間的壓迫感，我們就可以堅持讀完一本書。

第七章　將自律堅持到極致，再小的事也值得被認真對待

　　每天堅持閱讀，天天都會有不同，只是我們暫時覺察不到。只要能夠堅持下去，當累積到一定程度後，就會爆發出來，那時，我們就能感嘆，當初堅持閱讀的巨大作用以及當初的明智選擇。

學習是一輩子的事情，對新鮮事物保持熱情

曾經聽過一句話：我們今天所知道的東西，到明天就會過時，如果我們停止學習，就會停滯不前。香港首富李嘉誠也說過：「我從不間斷讀新科技、新知識的書籍，不會因為不了解新資訊而和時代潮流脫節。」學習是一件漫長的事情，不斷地學習新事物，才能保持自己的知識永遠不落後。

孫謙和李明帆是一家網頁開發公司的 Java 工程師。他們在這家公司已經待了三年，對業務已經非常熟悉，技術也已經非常扎實。

很快前端的技術又出現了一個新的語言，JavaScript，孫謙了解後對李明帆說：「Java 語言已經這麼長時間了，現在已經逐漸落後了。我們要趕快學習 JavaScript 語言。」李明帆不這樣認為，他說：「我們已經做 Java 這麼長時間了，別的語言不可能成功的。我反正不想再學習新的技術了。」

孫謙利用自己的業餘時間買了一些關於 JavaScript 語言的書學習，而李明帆依舊堅持不肯學。過了一年以後，公司接到的訂單都是要求用 JavaScript 來寫。李明帆根本就不會，而孫謙則可以無壓力地應對。李明帆被公司解僱了。

第七章　將自律堅持到極致，再小的事也值得被認真對待

新事物的出現，往往能夠代替舊事物。新舊更替這個道理很多人都懂，沒有一件事物可以一直長久興盛下去。對我們來說，不接受新的事物，就有可能被淘汰。

很多人都有自滿的心理，覺得自己學到的東西已經夠用了，不用再去學習新東西了，只要能夠保持現在的自己就可以了。比如很多公司的員工，都會在熟悉了自己的職位後，停止學習，每天都做著同樣的事情。特別是對那些取得了一定的成就後，就停止學習的，他們往往認為自己已經達到一定高度了。「學如逆水行舟，不進則退。」即使達到了一定的高度，如果長時間不去學習，也會後退。

也有一些人會對新事物產生恐懼心理，害怕去學習。比如現在蓬勃發展的 AI 技術，有很多人內心是拒絕接受的，他們害怕到時候機器的智慧超過了人類，不受人類控制了怎麼辦。老年人害怕接受智慧型手機和電腦，他們害怕自己不會操作會鬧出笑話，因此，不願意去接受也不願意學習。

還有一些人則是因為自己年齡大了，學習新事物速度會很慢，不想動腦子。

很多人進入職場以後，每天忙於工作，時間也變少了。再加上自己年齡也大了，學東西變得非常慢，因此，就不願意再學新知識了。

學習是一輩子的事情，對新鮮事物保持熱情

有一位老人家，高中畢業後就沒有繼續讀書，進入軍隊服務。退休後考了幾次大學，終於考上，之後花了比年輕人更多的時間努力讀到畢業，終於取得大學文憑，並且學會了使用電腦以及幾門外語。

學習是一輩子的事情，沒有早晚之分。只要我們願意去學，對新事物感興趣，並努力去學都是可以獲得成功的。或許隨著我們年齡不斷地增大，學習能力和記憶力都會變得比較弱，對新知識的接受能力不會那麼快，但只要我們能夠堅持下去，就一定能做到。不要讓沒時間、記憶力不好這些藉口，阻礙了我們成長的步伐。

學習是一輩子的事情，堅持下去也並不容易，需要長期對新事物保持熱情，讓熱情點燃學習的勁頭，才能不斷地堅持下去。

一、從自己的興趣開始

每個人對自己感興趣的事情，往往會充滿熱情，期待去探索、發現和學習。因此，當眾多新事物出現的時候，我們可以先選擇其中感興趣的進行學習。這樣當我們逐漸地深入了解後，就能夠不斷地堅持學下去。

第七章　將自律堅持到極致，再小的事也值得被認真對待

二、和一個了解新事物的人交流

　　想要對新事物產生學習的熱情，首先要了解它，不了解它，只是由自己的主觀看法來理解，是會發生曲解的。這時，我們就需要找一個了解新事物的人，然後跟他交流，讓他告訴我們新事物的真實情況，了解以後，我們就會對其產生興趣，並開始對其有熱情。

　　要對新事物保持熱情，不斷地了解和取得成就以後，就能堅持學習下去。

請你遠離偽自律

生活中我們會看到這樣一群人,為了不浪費一分錢,他們往往週末不和朋友們一起出去玩、一個月都不出去逛一次街。還有的人為了工作比別人更優秀,強逼著自己下班以後加班兩個小時等,這些強迫自己的人,其實並不是自律,而是偽自律。

心理學家對自律進行深入研究之後,得出了這樣的規律:自律的前期是興奮的,中期是痛苦的,後期是享受的。而很多偽自律的人,卻始終抓住痛苦這一點,認為自律都是痛苦的,不痛苦就不是自律。他們的這種偽自律就像是自虐。

鄭欣宜是香港著名演員鄭少秋和沈殿霞的女兒。15歲時,她的體重已經達到了100公斤。過於肥胖帶給她非常大的壓力。一次,她坐雲霄飛車,旁邊的人說:「妳坐得進去嗎?安全帶綁得上嗎?」聽到這話以後,旁邊的人哈哈大笑。在畢業典禮上,她的同學嘲笑她說:「學士服有妳的尺寸嗎?」

她走到哪裡都會遭到周圍人譏諷她的體重,她開始瘋狂減肥。為了快速減肥,她開始瘋狂地節食和運動,甚至是吃減肥藥。終於在長達十年的「減肥大戰」中她取得了階段性的勝利,從當初的100公斤減到不到50公斤,引得很多人羨慕不已。

第七章　將自律堅持到極致，再小的事也值得被認真對待

不過好景不長，一段時間以後，她的身體開始反彈，幾乎又回到了原來的體重。

總是顧慮別人的眼光，受別人的看法的影響，不是發自內心的自我約束，這樣的自律就是偽自律。真正的自律帶給我們的痛苦只是暫時的，熬過了一段時間以後，就不會痛苦了。而偽自律則是「他律」，會讓我們陷入盲目的程度，會給我們帶來無盡的痛苦。

我們用自律來約束自己，避免自己因為過度的欲望而喪失自我。但是那些偽自律的人，不但約束過度的欲望，而且還嚴苛約束自己的正常欲望。

蔣小莉透過自己的努力，從一所普通的私立大學考上了知名國立大學的研究所。一開學，她就為自己制定了一套學習計畫。早上5點起床，吃一頓簡單的早餐，然後開始認真上課。如果沒有課，就自習。午餐也是隨便吃就好，下午繼續讀書。晚上不吃晚飯，繼續讀到10點，上床睡覺。不參加任何校園活動，週末也不出去逛街，仍然潛心讀書。

兩個月以後，她覺得自己毫無奮鬥下去的勇氣，沒有精力再學習下去，身體也經常生病。漸漸地，她開始變得孤獨，沒有一個朋友，整天只和冷冰冰的書在一起。她曾泣不成聲地自言自語道：「我已經這麼自律，把我所有的時間都用在了讀書上，為什麼我的效率這麼低，還把我的生活搞得一團糟。」

請你遠離偽自律

偽自律不僅無法實現我們當初為自己制定的目標，反而會因為太在意別人的看法而對自己過於苛刻，帶給自己無盡的痛苦。

作家愛默生（Ralph Waldo Emerson）說：「人的一切痛苦，本質都是對自己無能的憤怒。」而自律，恰巧就是解決人生痛苦的最佳途徑。真正的自律能讓我們長時間堅持做一件事情，而不會因為痛苦而放棄，並且做起來有效率、有堅定的信心把這件事情做好。因此，我們要遠離偽自律，讓自己真正自律起來。

真正的自律包括兩個因素：第一要有明確的目標，第二要循序漸進。

明確的目標能夠讓我們知道自己應該做什麼，不應該做什麼，這樣就排除了其他的干擾，避免了自己因為受到干擾而導致不再自律。村上春樹在很早的時候，就知道了自己的目標是成為一個作家。因此，他之後做的所有事情都僅圍繞著寫作。早睡早起，讓自己有更充足的時間寫作。持續長跑，並參加馬拉松，讓他更具有耐力和精力，在進行創作的過程中有充足的精力。

他的生活很簡單，因此，他比我們每一個人都更自律，專注於自己的寫作，所以才能成為一位著名的作家。

我們不能盲目地跟他人比較，制定一些不合理的計畫，

第七章　將自律堅持到極致，再小的事也值得被認真對待

妄想一步就能成功，而忽略了事情發展的規律。刻意地要求自己做到預訂的計畫，害怕自己因為沒有完成而被別人嘲笑。不要在意別人的看法，要依據自己的能力，制定一個合理的、循序漸進的方案，慢慢地、一步步來約束自己，最終達到自律的終極目標。

遠離偽自律，讓我們擺脫因為刻意跟別人對比，而制定特定的目標。選擇當前我們最需要做的事情，循序漸進地去做，慢慢養成自律的好習慣。一旦自律的好習慣養成，做起任何事情都將變得更簡單、容易。

第八章
恪守匠心，
花一生的時間
專注做一件事

第八章 恪守匠心，花一生的時間專注做一件事

> **一件平凡的事情堅持久了，就會變得不平凡**

一位總裁曾說：簡單的事要做好不簡單，平凡的事做好就不平凡。

現實生活中，我們經常會表現得好高騖遠，只想做那些所謂的大事，而對於很簡單、很平凡的事情則不願意去做，甚至是不屑一顧。

一位曾經榮獲國家表揚的男子，原本出身平凡，因為沒有如願考上大學，進入客運行當公車司機。

一開始他並不喜歡這個工作，覺得沒有面子，但在同事與父親的開導下，才慢慢喜歡上這份工作。他開始思考要如何提升自己的服務品質，並積極採取行動。他依照不同乘客的需求，盡量提供最好的服務。他總說：「我辛苦一點，很多人都能受到幫助。」

很多普通的工作，我們大多數人都覺得拉不下面子，覺得太平凡了，從而選擇逃避不去做。工作是沒有高低貴賤之分的，任何一個工作職位，只要堅持去做，努力做好，都是會取得一定的成就的。

我們中的很多人之所以不想做平凡的事，大多數是因為

一件平凡的事情堅持久了，就會變得不平凡

害怕吃苦，貪圖安樂。尤其是找工作的時候，我們都想找一個既體面，又不用出力，還能拿高薪的工作。對於那些平凡的工作並且比較辛苦的工作，很少有人去做。

平凡的事情，只要做好了就是不平凡，而我們中的很多人也明白這個道理，就是不願意動手去做。

平凡與不平凡的區別就在於我們肯不肯做，一個人的力量確實是微薄的，我們中的一部分人願意付出，而另一部分人則不願意付出。只要我們肯做、肯付出，獻出自己的一份微薄的力量，這份微薄的力量也會幫助很多人。一位醫生如果能夠兢兢業業地工作，那麼堅持很多年，拯救的人也將會變得很多；老師悉心教導學生，經過幾年時間，也能培育好多優秀的學子。一個人的力量是微薄的，但是我們卻可以帶動更多的人加入其中，那麼形成的力量將會是巨大的，做成的事情也將會變得不平凡。

我們不要因為看不起平凡的事情，而不去做它。平凡之中蘊藏著不平凡，不要去期待那些驚天動地的大事情，世界上也沒有那麼多那樣的事情，誠心地去做一件平凡的事情，並堅持下去，即使再平凡的事情也會變得不再平凡。

第八章　恪守匠心，花一生的時間專注做一件事

堅持一生只做一件事，做到極致

《南村輟耕錄》中說：「一事精緻，便能動人，亦其專心致志而然。」用一生的時間去做一件事情，堅持下來的結果就是，把這件事情做到極致。

而生活中的我們，往往什麼都想做，但是最後什麼也沒有做成功，都成了平庸的人。

孫大明：「王曉華，你之前那個工作不是做得好好的嗎？怎麼做沒多久就辭職了？」

王曉華：「那個工作沒有發展前途，早就辭職了，趕快跳槽省得浪費時間。」

孫大明：「那這個工作怎麼樣啊，是不是很適合你？」

王曉華：「別提了，剛開始的時候感覺還不錯，但是做了半年以後，好像也沒什麼意思，領完年終要再換工作。」

孫大明：「好吧。」

我們在工作的過程中，往往會覺得這個工作不適合我們，那個工作沒有什麼發展前景，從而不斷地跳槽，換了一個工作又一個工作，換了一行又一行。結果，這個工作也沒有做好，那個工作也沒有做好。

我們沒有辦法讓自己穩定下來去做一件事情，多數就是

因為我們太浮躁，靜不下心。相反的，那些有大成就的人，他們往往能夠讓自己的心靜下來，用一輩子的時間，專心做一件事情。

在談到成功的經驗時，美國首富微軟公司聯合創始人之一的比爾蓋茲說：「我沒有比別人聰明多少，我之所以成功，不過是我認定了一生只做一件事，並且把這件事做得更完美而已。」

1901年美國舉行了一場電燈實驗競賽，廣場上亮起了無數盞燈，實驗者不斷地升高電壓加大亮度，慢慢地很多亮著的燈泡都熄滅了，唯獨有一盞沒有熄滅，這盞燈的發明者叫查雷特（Adolphe Chaillet）。對於愛迪生邀請他參與鹼性電池的研究，被他拒絕了。他指著那盞燈說：「我只適合研究它。」後來他在日記中寫道：「一生只亮一盞燈。」

眾多成功者之所以成功，是因為他們一生只做一件事情。我們一生的精力是有限的，工作的時間也是有限的，要利用好有限的時間，去做好自己喜歡的事情，只有不斷地堅持做一件事情才能將它發揮到極致。

法國畫家雷杜德（Pierre-Joseph Redouté）小時候，因為他性格內向，所以沒什麼朋友。每次放學回來，他不去找別人玩耍，而是一個人待在自己家的小花園裡，觀察花草。漸漸地他對畫畫有了很大的興趣。接著他就開始動手畫起了玫瑰花。

第八章　恪守匠心，花一生的時間專注做一件事

他的同學們看到他的畫以後，開始嘲諷他說：「畫幾朵花就能成為一名畫家了嗎？」聽到這些話以後，他受到了很大的打擊。他爸爸知道以後，對他說：「你是會得不多，但是你比起別人對玫瑰花更了解啊，你堅持你喜歡的就行了。」

雷杜德豁然開朗，恢復了自信。他開始專心去觀察和研究各種植物，經過他的努力和堅持成了法國著名的宮廷畫家。他特別擅長畫玫瑰和百合，他繪製成了《玫瑰聖經》(*Les Roses*)，在這本書中，記錄了170種玫瑰的姿容。這本書到現在已經在世界各地出版了200多個版本。

想要一生只做一件事情並且做到極致，對我們來說並不容易，因此，我們一定要抓住以下幾點：

一、有一個目標

想要堅持做一件事情，並且堅持做一輩子，首先，就要找到一個我們願意為之努力的目標。樹立一個目標，才能找到努力的方向。沒有前進的方向，就很容易受到各種誘惑，同時也容易走錯路，那樣浪費的就是我們的時間。

知名作家安徒生（Hans Christian Andersen）曾經當過裁縫學徒跟雪茄工廠工人，但他堅持寫作，並最終成了一名作家。如果他沒有這個目標，繼續做裁縫或是別的工作，那他一輩子也不可能成功。

二、一定要堅持

「三天捕魚兩天晒網」,連一件事情都做不好,談何把一件事情做到極致呢?一名叫多梅爾的法國警官,為了抓到一名罪犯,他查閱了無數檔案和檔案。他走遍了四大洲並且打了 30 萬通電話,行程達到了 80 多萬公里。在這個過程中,他和兩任妻子離婚,但他依舊只關注這件事情。經過了長達五十二年的追捕後,他終於把當初的罪犯抓住了。當他為罪犯戴上手銬時,當時那個罪犯已經 73 歲了。

三、要有不斷追求的心

堅持做一件事情,只是不斷地重複過程的話,那將是毫無成就的。我們要有一顆不斷追求的心,要想盡一切辦法把事情做好,並把它做到極致,這樣才能有所突破,獲得一定的成就,否則只是荒廢時光。

堅持一生只做一件事,做到極致,在收穫的同時,我們的人生也會有不一樣的精彩。

第八章　恪守匠心，花一生的時間專注做一件事

在自己擅長的專業領域堅守

做自己擅長的事情，往往能夠給人帶來動力，並且能夠長時間地堅持下來。經過十年甚至更長時間的累積，就能取得很大的成就。

一部電影中的其中一個角色，從小就喜歡文學，因此他將自己大部分的閒暇時間都花在文學上，考試時文科都拿到滿分。但由於大環境的影響，他還是選擇了不擅長的理組科系。

儘管他努力讀書，想學好數學及理化，成績卻依然無法及格，因此他被要求轉系。當時的導師告訴他，雖然人能夠讓自己處於忙碌中，但沒有目標的忙碌是麻木的。青春有限，你真正聽到、看到的才是真實的，只有這樣才能讓你快樂。

聽到這些話後，他開始鑽研自己喜歡的文學，最後成為了大學的教授。

做我們所不擅長的事情，往往會遇到很大的阻力，讓我們感受到壓力。儘管我們用盡辦法和努力，但是仍然不一定能夠做好。漸漸地我們堅持下去的意志就會被消磨，當意志力消耗得差不多的時候，就再也堅持不下去了。

在自己擅長的專業領域堅守

相反如果是做我們所擅長的事情,在心理上就會產生自信並且不會產生厭煩的情緒,在做的過程中也較容易取得階段性的成果。在不斷地取得成果的激勵下,堅持下去也就成了比較容易的事情。堅持做一件事情,在足夠的時間支撐下,就會取得很好的成就。

荷莉・杭特(Holly Hunter)是美國一名著名的影星,剛剛出道時,由於自己個子矮小,因此,她極力避免自己的這一缺點。結果她卻沒有取得較好的成果。後來經她的經紀人引導,她終於發現自己所擅長的正是表演身材嬌小、個性鮮明、富有特色的角色。於是,重新定位了自己,發揮自己所擅長的領域,結果聲名大噪。她出演的《鋼琴師和她的情人》(*The Piano*)等一系列電影,讓她獲得了坎城影展「金棕櫚」獎和奧斯卡大獎。

在生活中,我們會發現這樣一類人,覺得工作不合適了就換。結果卻是換了很多工作,卻沒有一個工作有所成就。

從一個行業到另一個行業,在剛開始的時候是需要一個適應過程的,因為我們對一個新的行業是不了解的。當我們換了一個行業,身邊的人換了,我們以前建立的人際圈也就不能再用了,需要重新建立。並且新行業的知識也需要累積,只有累積到了足夠的程度,才能發生質變,獲得成就。

楊世貴從小就手巧。在國中的一堂工藝課上,他做出來的工藝品得到了老師們的一致認可。老師們鼓勵他:「以後可

第八章　恪守匠心，花一生的時間專注做一件事

以向這方面發展。」

高中三年，他刻苦攻讀，並參加了很多比賽，曾經擊敗眾多職業選手，拿下技能競賽獎牌。畢業以後，他進入一家工廠擔任教練助理。隨後又參加了知識技能大賽，成功摘取了金牌，最後還參加了國際性技能比賽，獲得了木工類銅牌。

即使他拿的獎越來越多，但他也並沒有因此自滿，而是更上一層樓，出國深造，並最終拿到了該領域名校的博士學位。

做自己擅長的領域，就能充分發揮出自己的優勢，並調動自己的好奇心，對其進行深入探索。在深入探索的過程中，遇到了困難也會以積極的心態去應對。及時地調整自己，不斷地突破自我，也是堅持下去的動力，在一個行業堅持足夠的時間，取得突破和成功是可以預見的。

找到我們所擅長的領域，並堅持下去對我們來說是重要的，從以下幾個方面開始對我們將會有很大的幫助。

一、興趣愛好

興趣愛好是我們發自內心想要去做的事情，在做的過程中會很用心。相反如果我們對做一件事情一點也不喜歡，肯定也不願意去做，更別說做到擅長了。掌握好自己的興趣愛好，也就掌握住自己的內心，也很容易成為我們所擅長的領域。

二、進行實作

有很多事情我們認為自己很擅長,總覺得能夠做好,可是真正去做的時候,往往做不好。所以,想要確定我們心中所想的是否是我們所真正擅長的,需要進行實際操作。

三、不斷地嘗試

有時候,我們自己也不太清楚自己擅長做什麼事情,這時,就要不斷地嘗試,嘗試不同的領域。如果哪件事情做起來非常順利並有成就感,我們就尋找到了擅長的項目了。

找到我們擅長的領域後,要堅持不要輕易放棄。雖然在短期內不一定能夠看到成果,堅持下去,則肯定會有所收穫的。

第八章　恪守匠心，花一生的時間專注做一件事

真正聰明的人，都在下笨功夫

孫嘉文的大學室友，最近打電話來跟他談心。在電話中他說：「真羨慕你，剛畢業就穩穩待在一家公司，到現在你已經到主管的位置了。而我自以為聰明，覺得自己很快就能成為百萬富翁。因此，什麼工作賺錢我就做什麼。剛畢業聽說金融公司賺錢，於是我就去金融公司上班。可是做了一段時間後發現沒有前途。又聽說粉絲專頁賺錢，就辭了工作去做粉絲專頁，做了一段時間已經小有成就了，感覺賺錢太慢了，又去學習寫程式，現在當一個程式設計師，雖然薪水還可是，可是離我的夢想還很遠。」

胡適說過：「這個世界聰明人太多，肯下笨功夫的人太少，所以成功者只是少數人。」

在社會中，大多數的普通人都沒有辦法選擇，只能靠著自己的勤勞去彌補自己的不聰明。而那些聰明的人往往選擇比較多，同樣也因為選擇多，所面對的誘惑也很多，如果抵制不了誘惑，走錯了道路，那麼成功的速度就會大大的減緩。

聰明人相比於普通人擁有更強的領悟能力，他們學東西的時候，往往比普通人快很多。時間一長，他們就會使用一些學習的技巧，讓自己學習得更快。但很多東西往往需要長時間的累積，快速學會反而只是學到了一些皮毛，因此，聰

明人很容易吃急功近利的虧。

聰明人想要成功，不要一頭熱，急於求成。擁有良好的天資是優勢，要充分地發揮出來，並能保持頭腦清醒，虛心向上。不要讓傲慢和自負占據了內心。

錢穆曾說：「古往今來有大成就者，訣竅無他，都是能人肯下笨勁。」成功是一個長期堅持的結果，不是靠聰明就可以的，聰明人要學會下笨勁。

錢鍾書在他所編著的《管錐編》中，引述了幾千位名家上萬種著作中的上萬條書證，其難度可想而知，沒有豐富的閱讀和強大的記憶是不能完成的。

既然聰明人要下笨功夫才能走向成功，笨功夫指的是：

1. 時刻堅持不放鬆。太多聰明人認為自己聰明，別人做很長時間的工作，自己只需要花很少一部分時間就能做到。於是，就做一段時間，休息一段時間。張愛玲曾經發出過這樣的感慨：「出名要趁早啊！來得太晚的話，快樂也不那麼痛快！」在她青年時期，把所有的時間幾乎都用在了寫作上面。即使是在戰亂時期，連生命都不能保證的情況下，她依然堅持看小說。因此，即使是你再怎麼聰明，也要時刻不鬆懈，堅持下去。

2. 不跟別人爭，安下心來做好自己。人的本性就是不服輸，誰也不願意承認自己不如別人。總想證明自己比別人

強，結果聰明人爭得頭破血流，最終，反倒讓那些安心做好自己的人獲得了成功。

聰明人往往不會刻意地跟別人爭搶，而是穩下心境做好自己該做的事。而那些自以為聰明的，處處打小算盤，最終也只能是掩耳盜鈴自欺欺人罷了。

3. 不投機，不走捷徑。太多人幻想著能一步成功，總覺得以自己的智慧能夠一步到位迅速成功。而聰明人則不會這麼想，哪有輕輕鬆鬆的成功，都是踏踏實實地踩出來的。

真正的聰明是懂得下笨功夫的人，只有明白了這個道理，才不至於讓自己的聰明才智毀在自負和傲慢上。

大師的絕技與一萬小時定律

美國暢銷書作家葛拉威爾（Malcolm Gladwell）在他創作的《異數》（*Outliers*）這本書中指出一個定律，這個定律就是一萬小時定律，定律中說：「人們眼中的天才之所以卓越非凡，並非天資超人一等，而是付出了不斷地努力。一萬小時的錘鍊是任何人從平凡變成世界級大師的必要條件。」

一萬個小時，如果按照每天工作八個小時，一週工作四天的話，差不多需要五年的時間。也就是說五年的時間，無論你是什麼樣的人，只要堅持做一件事情，就能成為這方面的專家。

近代著名文學家魯迅先生曾經說：「無論什麼事，如果連續蒐集材料，積之十年，總可以成為一個學者。」

西蒙和蔡斯曾經做過這樣一個調查，他們兩個調查了眾多西洋棋的高手。經過大量的研究之後，在美國科學雜誌上發表了一篇論文，得出的結論是：在西洋棋的大師中，根本就沒有速成的高手。他們中的大多數都經過了至少十年以上的努力，他們做出了合理的估計，象棋大師花費在看棋盤的時間大約是一萬小時到五萬小時。

一些心理學家做過這項研究後，得出結論：想要完成

第八章　恪守匠心，花一生的時間專注做一件事

複雜的任務，就需要大量的練習。隨後心理學家約翰·海斯（John Hayes）對 76 位古典作曲家進行了調查，他發現這些人中的大多數寫出優秀作品的時間至少花費了十年以上曲譜。

因此，想要成為一個行業中的大師，堅持長時間的鍛鍊是必不可少的。

在一次國際峰會上，一位元首級夫人得到了一件中國傳統工藝品。這件工藝品出自一位著名工匠之手。這件工藝品可以說是巧奪天工，用純銀精雕細琢鏨刻。

「和美」純銀絲巾上的精美圖案實際上是由光折射形成的，要達到這樣的效果就需要在僅有 0.6 公釐的銀片上鏨刻無數精密的經緯線。而在這麼小的地方上進行精細操作，對於技能的要求之高難以想像。並且極為費工，在製作的過程中是不能停下來的，一旦停下來或者中間一步出錯的話，就前功盡棄了。

他決定用四個中國結為純銀絲巾果盤作托，許多人就提議用機械鑄造成四個中國結，然後直接將其銲接上去就可以了。而他卻發現機械製作會留下細小的孔洞，為了追求完美，他沒有採納這個建議。而是用純手工完成了整個工藝品。

為了造就今天的結果，他已經累積了二十年。

現在的企業裡面，有這樣的一群人，他們整天重複做著相同的工作，一月又一月，一年又一年。工作的時間遠遠超過了一萬個小時，但是依舊只是一個普通的員工，能力也沒

有多大地提升,更沒有成為這個領域的專家。所以,堅持執行並且做到一萬小時定律只是成為某一領域專家的一個重要條件,在執行並堅持的過程中還需要做到專注、突破舒適圈和找對方法。兩者相結合才能真正發揮出一萬小時定律的作用,促使我們成為某一領域的專家。

專注是執行一萬小時定律的核心。專注做一件事情,能夠排除外界對我們的干擾,增加我們的定力,有利於對問題的思考,效率和思維也能得到提升。在長期的堅持下,在這一領域就能有所突破。

舒適圈不突破,幾萬小時都沒用。我們每個人幾乎都喜歡待在舒適圈,待在舒適圈能讓我們避開壓力,使自己舒服地度過每一天。在某一領域,一直不突破,待在舒適圈,肯定不會有所成就。因此,想要有所突破就要不斷地走出自己的舒適圈,去接受挑戰,不斷地戰勝自己,堅持一萬小時,就能有很大的成就。對的方法才是一萬小時的重點。做一件事情需要正確的方法,沒有正確的方法,即使是投入的時間再多,也不會取得太好的成果。我們在選擇了某一領域以後,不要著急去做,先思考一下,應該怎樣去做,用什麼方法合適以後,再開始做。

做一件事情,靜下心來,專注做下去。不斷地突破自己的舒適圈,不斷地挑戰自己,找到合適的方法,堅持一萬個小時,幾乎都能夠成為某一領域的大師。

第八章　恪守匠心，花一生的時間專注做一件事

你的認真，讓整個世界如臨大敵

　　曾經在一本書中讀過這樣一段話：「我終於相信了，認真是有力量的，那種力量，足以讓整個世界如臨大敵。」做一件事情，我們認真了，就會和我們不認真有截然相反的結果。

　　無論我們做任何事，都應懷著一顆認真的心去對待。只有我們認真地去對待，才會加快進度的同時，又能保證品質。

　　認真就是決定用心把一件事情做好所表現出來的態度，一個人的態度往往決定著一個人的水準。雖然我們每個人的能力是不同的，但是對待一件事情的態度卻可以是一致的。當我們認真地對待一件事情，就能彌補我們與他人能力上的差距。

　　而我們中的很多人，心都很浮躁，不能安下心來，總是渴望著成功趕快來臨，做起事情來，總是著急，匆匆地把事情完成，也不顧什麼品質。

　　麗麗是一家網路商店的客服，她的工作是引導顧客下單，並印出訂單。工作了一段時間以後，對於工作的內容漸漸上手。她發現做這個根本不需要技術，也不難。於是，她

總是匆忙地把訂單印出來以後,就利用公司的電腦寫小說,發表在網路上,而她寫小說也只是為了想賺錢,有的情節直接抄襲別人的小說。

結果她總是印錯單子,並且寫的小說也很少有人看,根本沒有獲得收入,還被公司解僱了。

我們在做任何一件事情,如果不認真對待,很容易就會出錯。出錯一次,我們的自信心就會被打擊一次。而我們中的很多人在出錯以後,卻表現得滿不在乎,繼續敷衍不認真對待,隨後接著繼續出錯,繼續受到打擊,直到自己不耐煩或者完全失去信心,選擇放棄就成了最後的選擇。

工作在生產線上的工人,如果不認真對待自己的工作,就會導致生產的產品品質達不到標準,成為瑕疵品;員工打掃不認真,上司看到後就會認定我們不可靠,對我們產生不好的印象,從而失去受提拔的機會;會計不認真對待資料,導致資料出錯,就會為公司帶來一定的經濟損失。

生活中也是如此,做飯不認真,不但炒出來的菜不好吃,甚至會造成火災;幫別人做事不認真,會和別人產生口角,鬧不愉快,甚至是打架。

因此,做一件事情一定要認真對待,這樣才能充分啟動你所有的力量去克服困難,並給予自己力量長期堅持下去,也只有這樣才能真正走向成功,取得我們想要的結果。

第八章　恪守匠心，花一生的時間專注做一件事

絕活，都藏在細節中

密斯‧凡德羅（Mies van der Rohe）是 20 世紀偉大的建築師之一，他用「魔鬼在細節」這句話來形容自己是如何走向成功的。他說：「無論你的建築設計方案如何恢宏大氣，如果你不注重細節的話，它仍然不能稱為一件好的作品。對於細節的準確、生動掌握得好的話，這件作品就會成為一件偉大的作品。相反，如果你忽略掉其中的細節，那麼整個宏偉的計畫將會被毀於一旦。」

一件事情的成敗往往取決於細節，對細節的掌握一定要認真對待。忽視細節會節省時間和精力，但是卻無法達到近乎完美的效果，甚至是不能完成一件事情。如原子筆筆芯的小鋼珠，即使是差一微米，書寫就會變得不流暢，用一段時間後就會脫落。

因此，我們不要小看細節的作用，它往往會產生巨大的影響。

美國第一個擁有 10 億美元財富的是美國石油大王洛克斐勒（John Davison Rockefeller），他之所以能夠成功，是他堅持對細節的發現和思考。一次，他在視察公司包裝工廠時，追求細節的他發現：工人們在封裝油罐的時候，總是要用 40

滴焊液。可是經過他的實驗,這個過程只需要 39 滴就能夠完成,而且效果跟 40 滴的效果是一樣的,不會有絲毫影響。

於是,他決定改變。制定一個標準,把銲接一個油罐的焊液用量規定在 39 滴。在他這一標準的實施下,一年節省下來的費用是 4 萬美元。

細節往往藏在我們幾乎無法發現的小事中,我們非常容易忽略它們。這就是我們有時候做一件事情無法突破獲得巨大成就的重要原因之一。所以,我們找到了細節,就找到了事情的突破口,事情也就好做了。

即便是一件小事也值得我們打磨細節,如果我們不能發現做一件事情的細節,那麼我們做出的事情也就跟大多數人做的一樣,沒有任何新意,那樣肯定不會獲得較高的評價。比如我們總是看不起插花,覺得這有什麼可學的,拿一個花瓶自己用心一插也可以很漂亮,可是最後插出來卻不如專業的花藝師。同樣是插花,為什麼不同的人插出來的不一樣呢?原因就是技師注重細節,而一般人則是擺放好就可以了。

工作中,很多小事看起來並不起眼,卻是老闆最注重的。比如:1. 保持我們辦公桌上的清潔、整齊。如果老闆看到我們的辦公桌上面雜亂、累積了厚厚的灰塵,老闆心裡會怎麼想,會怎麼評價我們的為人和做事能力。2. 時常請假。

第八章　恪守匠心，花一生的時間專注做一件事

我們工作是為公司服務的，對於公司來說，時間就是金錢。有事沒事就請假，耽誤的是公司的計畫和時間，所導致的後果也只能是我們來承擔。3. 辦公室裡聊天。老闆出錢讓我們工作，最不喜歡的就是員工不好好工作，偷懶聊天。當老闆看到了自然不會對我們有好印象。

而這些看起來很小的事情，卻能看出我們對待工作的認真態度。公司老闆提拔人才的標準也正是這些，不要因為自己的不認真，導致自己得不到應有的升遷。

生活中也是如此，不能因為偷懶，而不去認真對待一件小事。比如：多睡一會，不早起十分鐘看書。殊不知，正是因為自己的偷懶，慢慢地被別人超越了。生活中的小事，認真對待和不認真對待差別是巨大的。

我們之中的很多人都不太注重細節，總覺得這是對我們自己的苛刻，沒必要這樣逼著自己把一件事情做到極致，而正是這樣的心態讓我們與成功失之交臂。

牛頓對蘋果從樹上落下來的這個細節產生了疑問，並堅持弄清楚是怎麼回事，從而發現了偉大的萬有引力。而萬有引力這個透過小細節發現的定律，卻推動了人類奔向太空的旅程。偉大的成就，很多都是從細節中產生的，注重細節，也就抓住了走向成功的重要砝碼。

不斷重複地累積，才能突破

一位網友去海洋公園遊玩，在觀看表演時被驚得目瞪口呆。他看到重達近 9 噸的鯨魚竟然躍出水面 6 米多。在好奇心的驅使下，他來到了訓練師的身邊，問道：「請問您是怎麼訓練這條鯨魚的，這麼重的鯨魚，竟然能夠輕鬆躍出水面這麼高。」訓練師告訴他：「我在訓練牠的時候，剛開始把繩子放在水裡面，鯨魚游過的時候，就能輕鬆地通過。然後我會給牠獎勵食物。接著，我把繩子的高度一步一步升高，每次都是 2 到 3 公分。在這樣慢慢地上升的過程中，牠漸漸地就能夠跳到 6 公尺的高度了。」

訓練師在總結成功的經驗時說：「一次讓鯨魚進步一點點，雖然這是微不足道的進步，但是一點點累積起來，經過長時間的不斷重複，就使它有了巨大的進步。」

生活中，我們總想一步登天，什麼事情做幾天就想獲得很大的成就。比如還沒堅持跑兩天步，就想減掉 10 公斤肥肉。堅持寫作 20 天，就想寫出成功的小說。顯然是不符合成功的規律的。

在一個文藝營活動中，有好幾個非文學出身的簽約作家。他們來自各行各業，有警察、務流士等等。

第八章　恪守匠心，花一生的時間專注做一件事

主持人問一名本職工作是警察的人說：「做警察都是非常忙的，還時常需要風雨無阻地在外出勤，你怎麼會有時間寫作呢？」他回答說：「雖然我白天沒有時間寫作，晚上回家也很晚了。但下了勤務後，我還是會寫，寫到凌晨，然後睡覺，第二天去上班。」

魯迅說：「時間就像海綿裡的水，只要願擠，總還是有的。」魯迅先生就是很會利用時間的人，他利用別人喝咖啡的時間，不斷地寫作和看書，累積了大量的知識，寫出了很多有名的小說和散文。

很多人覺得自己不是不去累積，只不過是因為沒有時間。身處快節奏生活中的我們，習慣了在較短的時間內追求卓越。在工作中，總能看到上級強行命令下屬，在規定的時間內，完美地完成任務。在巨大的壓力下，最後出色地完成了任務。於是這樣的事情在我們的心中留下了深刻的印象，我們也就認為只要我們在短時間內，逼自己一把，一定就能有所收穫。過了一段時間後，我們發現效果沒有想像中好，心裡的巨大落差感，會讓我們失望，當理想落空，也就不會再去做，繼續累積了。

無論學習還是工作，都需要大量的累積。因為在學習和工作中會經常遇到很多新問題，而我們如果沒有一定的知識和經驗累積的話，就沒有辦法去解決。而不解決這些問題，我們就沒有辦法進步，也就不可能走向成功。因此，在平時我們應該

不斷重複地累積，才能突破

學會不斷地累積經驗，為以後解決問題走向成功做準備。

累積的方法最重要的就是不斷地重複，科學研究發現：人的記憶是由不斷地重複記憶而形成的永久記憶。我們在生活中也會有這樣的感受，同一個問題出現一次後，我們還會犯第二次，而到了第三次或者第四次的時候，我們便很難再犯了。當然我們在重複累積的過程中，如果只是簡單地重複自然也是不行的，還要不斷地去思考和創新，不斷地改變自己的方法，總結經驗和教訓，從而避免重蹈覆轍。

因此，成功需要一步步地不斷進步，不斷地重複和累積，當我們累積的知識和技能足夠多了，能力已經變得非常強了以後，才會有所突破，並獲得成功。

一、每天睡前堅持一個小時閱讀

俗話說：「腹有詩書氣自華」，胸中有知識就能產生無窮的自信，並有足夠的實力去實現自己的夢想。李嘉誠 90 多歲了還堅持閱讀，正是因為他對知識的痴迷，促使他能夠在不斷改變的大環境中，始終保持正確的選擇，才能維持公司不斷地高速發展。

因此，我們要重視對知識的累積，當我們的知識累積到一定程度後，一定會爆發出無窮的力量。我們可以利用每天晚上睡覺前的一個小時，靜下心來，讀一個小時的書。

二、在網路上建立一個興趣交流群組

興趣是最好的交流方式,我們可以利用共同的興趣,達到多認識朋友的目的。在網路上建立一個興趣交流群組,和網友交流,當交流一段時間後,可以舉辦一些實體的交流會。

三、多累積工作技能

「技多不壓身」,多學幾個技能,對以後的工作和學習都會有幫助。但我們也不要貪圖多,貪多了反倒讓我們堅持不下去。每天學一個小技能,比如:今天學習 Photoshop(影像處理)中的去背,明天學習繪製簡單的圖形等等。

不斷重複累積,讓自己的知識廣度越來越廣,技能越來越多,越來越精。在往後的競爭中,我們就能夠脫穎而出,成為行業的佼佼者。

真正的匠心，是耐得住寂寞

「耐得住寂寞才能守得住繁華」，那些真正擁有匠人精神，並取得成功的人，都會經歷一段非常黑暗的歲月。在這段歲月裡，沒有人幫忙，沒有人支持，更沒有人傾聽。而正是在這段黑暗的時光裡，他們沉澱了自我，熬過黎明前的黑暗時光，終於看到了天亮。千里馬並不一定是跑得最快的，但一定是耐力最好的。我們可以抱怨，但是我們必須忍受寂寞，累積實力。

成功的人在邁向成功的道路上時，往往是孤獨征戰的，要承受太多的壓力和責任，而在他們沒有成功之前，是不會有人知道的，更不會收到鮮花和掌聲，以及別人的鼓勵。只能堅持下去，一步一步走向成功的道路。

在一條小巷中有一家文具店，這家店的店面非常小，只有3坪。但這樣的一家小店，每天來這裡的人卻絡繹不絕。

這家店的老闆是一個白髮蒼蒼的老人，一開始，他只是為了生存與父親一起賣鋼筆，後來看到有些好好的鋼筆有些微故障，就要被丟棄，覺得非常可惜，於是他就決定開始修鋼筆，剛開始的時候只是自己摸索著修。漸漸地他的手藝開始變得嫻熟，而他的技巧就是點尖。他能夠銲接直徑不到一公釐的鋼筆筆尖上的小圓粒，並且用自己的刀片，把小圓粒

第八章　恪守匠心，花一生的時間專注做一件事

鋸開，讓墨水流出。一般人都做不了這個技術，都是用雷射切割的。

漸漸地，修鋼筆的店家一家家收攤，他成了少數會修鋼筆的文具店老闆，而這一行，他一做就是六十幾年。

即使是再小的手藝，也能透過自己的手藝打造出不可思議的作品，創造出自己的價值。而在不斷追求更高的成就過程中，時間成了我們最大的考驗。在長時間堅持的過程中，需要常常跟寂寞為伴，而沒有堅強的毅力和精神的支持，是不可能堅持下來的。

德國著名哲學家叔本華（Arthur Schopenhauer）曾說：「只有當一個人獨處的時候，他才可以完全成為自己。誰要是不熱愛獨處，那他就是不熱愛自由，因為只有當一個人獨處的時候，他才是自由的。」

而我們中的很多人，在做一件事情的時候，往往忍受不了寂寞，選擇放棄自己的自由，不靜下心來獨自一個人努力和思考，而是去找朋友一起遊玩，或者向朋友傾訴。而真正的寂寞是不能夠訴說的同樣也是無法排解的，需要自己去克服和忍受。

還有一部分人則是因為寂寞而經受不住誘惑。這些人在做一件事情的時候，總是做一段時間，就停下來，玩一玩遊戲，有的聽一下音樂。而他們還不會控制時間，一玩就停不下來，結果把大量的時間都浪費在這上面。

真正的匠心，是耐得住寂寞

我們中的大多數人都害怕寂寞，而寂寞的產生往往是由於自己的心境。在浮躁與喧囂的大環境下，依然能夠保持清晰的頭腦、平淡的心態，耐心做事情的人，心境都是極其好的。能夠耐得住寂寞的人，大多數能夠成就一番事業。

「說起來容易，做起來難。」寂寞對於我們來說，想要克服是非常困難的。

想要克服寂寞要運用一定的方法。

一、把自己空閒的時間用一個一個小計畫排滿

我們感到寂寞，往往是因為自己沒有什麼事情可做，或者是不想做任何事情。當我們讓自己閒下來，那麼我們就會感覺到無聊和寂寞。因此，讓自己忙起來就成了解決這個問題的最好辦法。

當我們有了自己的空閒時間後，先制定計畫，為自己安排一個一個的小計畫，補滿空閒的時間。比如說：「十分鐘閱讀，十分鐘寫作，二十分鐘學習等。」這樣完成一個個小計畫，就能讓自己有事可做，自然就不會感到寂寞了。

二、回家把手機關機

對我們最大的誘惑往往是我們的手機，沒事的時候看一看，滑一下社群軟體、看一看通訊軟體，結果越看越覺得無

第八章 恪守匠心，花一生的時間專注做一件事

聊和寂寞。因此，遠離手機，貼近生活，不再浪費時間在無聊的手機資訊上，我們也就不會感受到寂寞了。

三、每天晚上給自己一個小時的反思時間

適當的壓力，往往能夠讓人提起精神，抓緊時間做一件事情，而反思就是找到問題，給予自己壓力的手段之一。晚上回到家後，給自己一個小時的反省時間，用這一個小時的時間，好好反省一下自己工作和學習中遇到的問題，以及怎樣才能提升效率，怎樣比別人更優秀。

真正的匠心是守得住寂寞，只有守得住寂寞，才能矢志不渝地堅持下去，把一件事情用心做好、做成功。

真正的匠心，是耐得住寂寞

國家圖書館出版品預行編目資料

反習慣惰性！破解三分鐘熱度的行動法則：克服原發性顫抖、延遲滿足感、遠離偽自律……習慣心理學讓堅持成為自然而然的選擇 / 麗莎 編著. -- 第一版. -- 臺北市：樂律文化事業有限公司, 2024.11
面；　公分
POD 版
ISBN 978-626-7552-81-0(平裝)
1.CST: 習慣心理學 2.CST: 自我實現 3.CST: 生活指導
176.74　　　　　　　　113017433

電子書購買

爽讀 APP

臉書

反習慣惰性！破解三分鐘熱度的行動法則：克服原發性顫抖、延遲滿足感、遠離偽自律……習慣心理學讓堅持成為自然而然的選擇

編　　　著：麗莎
責任編輯：高惠娟
發　行　人：黃振庭
出　版　者：樂律文化事業有限公司
發　行　者：崧博出版事業有限公司
E-mail：sonbookservice@gmail.com
粉　絲　頁：https://www.facebook.com/sonbookss
網　　　址：https://sonbook.net/
地　　　址：台北市中正區重慶南路一段 61 號 8 樓
8F., No.61, Sec. 1, Chongqing S. Rd., Zhongzheng Dist., Taipei City 100, Taiwan
電　　　話：(02) 2370-3310　　傳　　　真：(02) 2388-1990
律師顧問：廣華律師事務所 張珮琦律師
定　　　價：399 元
發行日期：2024 年 11 月第一版
◎本書以 POD 印製
Design Assets from Freepik.com